由南京大学郑钢基金资助出版

折射集
prisma

照亮存在之遮蔽

Petit panthéon portatif
Alain Badiou

当代激进思想家译丛
● 丛书主编 张一兵

小万神殿

[法] 阿兰·巴迪欧 著　蓝江 译

南京大学出版社

激进思想天空中不屈的天堂鸟
——写在"当代激进思想家译丛"出版之际

张一兵

传说中的天堂鸟有很多版本。辞书上能查到的天堂鸟是鸟也是一种花。据统计,全世界共有40余种天堂鸟花,在巴布亚新几内亚就有30多种。天堂鸟花是一种生有尖尖的利剑的美丽的花。但我更喜欢的传说,还是作为极乐鸟的天堂鸟,天堂鸟在阿拉伯古代传说中是不死之鸟,相传每隔五六百年就会自焚成灰,由灰中获得重生。在内心里,我们在南京大学出版社新近推出的"当代激进思想家译丛"所引介的一批西方激进思想家,正是这种在布尔乔亚世界大获全胜的复杂情势下,仍然坚守在反抗话语生生灭灭不断重生中的学术天堂鸟。

2007年,在我的邀请下,齐泽克第一次成功访问中国。应该说,这也是当代后马克思思潮中的重量级学者第一次在这块东方土地上登场。在南京大学访问的那些天里,除去他的四场学术报告，更多的时间就成了我们相互了解和沟通的过程。一天他突然很正经地对我说："张教授，在欧洲的最重要的左翼学者中，你还应该关注阿甘本、巴迪欧和朗西埃，他们都是我很好的朋友。"说实话，那也是我第一次听到这些陌生的名字。虽然在2000年，我已经提出"后马克思思潮"这一概念，但还是局限于对国内来说已经比较热的鲍德里亚、德勒兹和后期的德里达，当时，齐泽克也就是我最新指认的拉康式的后马克思批判理论的代表。正是由于齐泽克的推荐，促成了2007年南京大学出版社开始购买阿甘本、朗西埃和巴迪欧等人学术论著的版权，这也开辟了我们这一全新的"当代激进思想家译丛"。之所以没有使用"后马克思思潮"这一概念，而是转启"激进思想家"的学术指称，因之我后来开始关注的一些重要批判理论家并非与马克思的学说有过直接或间接的关联，甚至干脆就是否定马克思的，前者如法国的维里利奥、斯蒂格勒，后者如德国的斯洛特戴克等人。激进话语，可涵盖的内容和外延都更有弹性一些。这一新的研究领域已经开始成为国内西方左翼学术思潮研究新的构式前沿。为此，还真应该谢谢齐泽克。

那么，什么是今天的激进思潮呢？用阿甘本自己的指认，激进话语的本质是要做一个"同时代的人"。有趣的是，这个"同时代的人"与我们国内一些人刻意标举的"马克思是我们的同时代的人"的构境意向却正好相反。

"同时代就是不合时宜"（巴特语）。不合时宜，即绝不与当下的现实存在同流合污，这种同时代也就是与时代决裂。这表达了一切**激进话语**的本质。为此，阿甘本还专门援引了尼采①在1874年出版的《不合时宜的沉思》一书。在这部作品中，尼采自指"这沉思本身就是不合时宜的"，他在此书"第二沉思"的开头解释说，"因为它试图将这个时代引以为傲的东西，即这个时代的历史文化，理解为一种疾病、一种无能和一种缺陷，因为我相信，我们都被历史的热病消耗殆尽，我们至少应该意识到这一点"②。将一个时代当下引以为傲的东西视为一种病和缺陷，这需要何等有力的非凡透视感啊！依我之见，这可能也是当代所有激进思想的构序基因。顺着尼采的构境意向，阿甘本主张，一个真正激进的思想家必然会将自己置入一种与当下时代的"断裂和脱节之中"。正是通过这种与常识意识形态的断裂和时代错位，他们才会比其他人更能够感知**乡愁**和把握他们自己时代的本质。③我基本上同意阿甘本的观点。

阿甘本是我所指认的欧洲后马克思思潮中重要的一员大将。在我看来，阿甘本应该算得上近年来欧洲左翼知识

---

① 尼采（Friedrich Wilhelm Nietzsche, 1844—1900）：德国著名哲学家。代表作为《悲剧的诞生》(1872)、《查拉图斯特拉如是说》(1883—1885)、《论道德的谱系》(1887)、《偶像的黄昏》(1889)等。
② Friedrich Nietzsche, "On the Uses and Abuses of History to Life", in *Untimely Meditations*, trans. R. J. Hollingdale, Cambridge: Cambridge University Press, 1997, p. 60.
③ [意]阿甘本：《裸体》，黄晓武译，河南大学出版社2015年版，第7页。

群体中哲学功底比较深厚、观念独特的原创性思想家之一。与巴迪欧基于数学、齐泽克受到拉康哲学的影响不同,阿甘本曾直接受业于海德格尔,因此铸就了良好的哲学存在论构境功底,加之他后来对本雅明、尼采和福柯等思想大家的深入研读,所以他的激进思想往往是以极为深刻的原创性哲学方法论构序思考为基础的。并且,与朗西埃等人1968年之后简单粗暴的"去马克思化"(杰姆逊语)不同,阿甘本并没有简单地否定马克思,反倒力图将马克思的批判精神与当下的时代精神结合起来,以生成对当代资本主义社会存在更为深刻的批判性透视。他关于"9·11"事件之后的美国"紧急状态"(国土安全法)和收容所现象的一些有分量的政治断言,是令西方资本主义国家政要为之恐慌的天机泄露。这也是我最喜欢他的地方。

朗西埃曾经是阿尔都塞的得意门生。1965年,当身为法国巴黎高师哲学教授的阿尔都塞领着整个西方马克思主义科学思潮向着法国科学认识论和语言结构主义迈进的时候,那个著名的《资本论》研究小组中,朗西埃就是重要成员之一。这一点,也与巴迪欧入世时的学徒身份相近。他们和巴里巴尔、马舍雷等人一样,都是阿尔都塞的名著《读〈资本论〉》(*Lire le Capital*,1965)一书的共同撰写者。应该说,朗西埃和巴迪欧二人是阿尔都塞后来最有"出息"的学生。然而,他们的显赫成功倒并非因为他们承袭了老师的道统衣钵,反倒是由于他们在1968年"五月风暴"中的反戈一击式的叛逆。其中,朗西埃是在现实革命运动中通过接触劳动者,以完全相反的感性现实回归远离了阿尔都塞。

法国的斯蒂格勒、维利里奥和德国的斯洛特戴克三人都算不上是后马克思思潮的人物,他们天生与马克思主义不亲,甚至在一定的意义上还抱有敌意(比如斯洛特戴克作为当今德国思想界的右翼知识分子,就是反对马克思主义的)。可是,在他们留下的学术论著中,我们不难看到阿甘本所说的那种绝不与自己的时代同流合污的姿态,对于布尔乔亚世界来说,都是"不合时宜的"激进话语。斯蒂格勒继承了自己老师德里达的血统,在技术哲学的实证维度上增加了极强的批判性透视;维里利奥对光速远程在场性的思考几乎就是对现代科学意识形态的宣战;而斯洛特戴克最近的球体学和对资本内爆的论述,也直接成为当代资产阶级全球化的批判者。

应当说,在当下这个物欲横流、尊严倒地,良知与责任在冷酷的功利谋算中碾落成泥的历史时际,我们向国内学界推介的这些激进思想家是一群真正值得我们尊敬的、严肃而有公共良知的知识分子。在当前这个物质已经极度富足丰裕的资本主义现实里,身处资本主义体制之中的他们依然坚执地秉持知识分子的高尚使命,努力透视眼前繁华世界中理直气壮的形式平等背后所深藏的无处控诉的不公和血泪,依然理想化地高举着抗拒全球化资本统治逻辑的大旗，发自肺腑地激情呐喊，振奋人心。无法否认，相较于对手的庞大势力而言，他们显得实在弱小，然而正如传说中美丽的天堂鸟一般，时时处处，他们总是那么不屈不挠。人类社会发展的历史已经明证，内心的理想是这个世界上最无法征服也是力量最大的东西，这种不屈不挠的思考和抗争，常常就是燎原之前照亮人心的点点星火。因此，有他们和我们共在，就有人类更美好的解放希望在！

目 录

中译导言 ·· 001
开篇 ··· 001
雅克·拉康（Jacques Lacan，1901—1981） ············· 008
乔治·康吉莱姆（Georges Canguilhem，1904—1995）
让·卡瓦耶斯（Jean Cavaillès，1903—1944） ············ 012
让-保罗·萨特（Jean-Paul Sartre，1905—1980） ········ 018
让·伊波利特（Jean Hyppolite，1907—1968） ············ 035
路易·阿尔都塞（Louis Althusser，1918—1990） ········ 048
让-弗朗西瓦·利奥塔（Jean-François Lyotard，1924—1998） ······ 073
吉尔·德勒兹（Gilles Deleuze，1925—1995） ············ 091
米歇尔·福柯（Michel Foucualt，1926—1984） ·········· 097
雅克·德里达（Jacques Derrida，1930—2004） ·········· 102
让·博雷耶（Jean Borreil，1938—1992） ················· 118
拉库-拉巴特（Philipe Lacoue-Labarthe，1940—2007） ········· 127
吉尔·夏特雷（Gilles Châtelet，1945—1999） ············ 134
弗朗西瓦·普鲁斯特（Françoise Proust，1947—1998） ·········· 146

中译导言

我们呼唤着那些已经逝去的我的哲学朋友和兄弟，让他们做一个见证，为我们在那些挂羊头卖狗肉的造假者指控中来目睹无限的到来。

——巴迪欧

每一本书都有一个导言，每一本译著也需要译者导言。导言的目的在于，让读者可以更轻松地进入文本的阅读之中。准确来说，巴迪欧这本小书是一本非典型的巴迪欧著作，他并没有像他的其他著作一样用大量晦涩的概念和语言来阐述一个复杂的本体论。相反，这本著作用了大量短小精悍的文学化的语言（这对于翻译他的著作的人来说，无疑是一个新的挑战），娓娓生动地描述了他与这些哲学家的关系，并为这些哲学家的思想做了一个通俗易懂的图绘。

那么，对于这样一本很通俗的著作，作为一个译者，应当如何来写一个导言呢？

我首先来谈谈这本书的书名吧。正如巴迪欧所言，他开始为这本书起的名字不是这个，而是"墓前演说"。现在这本书的名字，是别人向他推荐的，可以看得出，巴迪欧很乐于接受这个名字。对于这个书名，巴迪欧在这本书的"开篇"中已经给出了自己的解释，在这里就不做冗述。关键是，这个书的书名"Petit panthéon portatife"，应该怎样翻译成中文？起初，在我自己随意翻译时，我不假思索地将这个书名翻译成《小万神殿》（尽管现在我仍然称之为《小万神殿》），并没有太多思索其中的意义。

后来有从法国回来的朋友跟我说，这个书名翻译得可能有点问题，因为在传统的法语中，panthéon更多地被翻译成"先贤祠"，那么这本书名就不对了，应该叫《小先贤祠》。倘若如此，这将会是翻译中的一个硬伤。我在豆瓣上贴出译文也被人指出了同样的问题。这个说法引起了我的重视，毕竟，巴黎仍然有这个在法语中被称为panthéon（先贤祠）的建筑，现在位于巴黎的拉丁区，起初是法王路易十五兴建的圣日内维耶大教堂，后来辗转变成了安葬法国的文化与社会名人的地方。我们所熟知的大仲马、伏尔泰、卢梭、雨果、居里夫人、左拉等人的骨灰都安葬于此。与此同时，先贤祠也成了法国的一个文化标志，是法国的名流和先贤的象征，同时也是安葬于其中的名流的莫大的荣誉。

但是，如果将这本书的书名改成《小先贤祠》，问题解决了吗？我想没有。巴迪欧仅仅只是从法国文化意义上来祭奠十四位已经仙逝而去的法国哲学家吗？或者其中的意义仅仅在于，将十四个未能安置在法国名人殿堂的灵魂，用一种小先贤祠的方式来安置吗？我估计这绝非巴迪欧的本意，或者说，巴迪欧在其中所蕴含的意义会比这个意义更高一个层次。这样，我们不必从一个法国的特殊性角度来理解"先贤祠"，而可能站得更高，或者用巴迪欧的话来说，用一种普世的角度，或者绝对观念的角度来在今天，让十四位逝去的哲学家在精神上重新复活，并让他们目睹着我们面向那个绝对的大写的真（Vrai）前进的旅程，或者，我们看到的巴迪欧的这本小书并非一个坟墓中的祭品，而是一种从上面照耀下来的光芒，或者说，**"万神殿"**的光芒。

或许说到这里我们得玩玩词源学了。panthéon 并不是法语的本土词汇，其中其词源指向了希腊语和拉丁语。这个词的希腊语是 πάνθεον，拉丁语是 Pantheon，基本上与法语的词根一致。在意义上，也有迹可循。希腊语中 πάν 和拉丁语中 Pan，都是泛或所有的意思，而 -θεον 和 theon 都是代表着诸神。那么在希腊语和拉丁语那里，panthéon 的原意都是指所有的神灵。那么 panthéon 是否代表着一种类似于基督教中上帝与人的关系呢？显然不是，与一神教的犹太教和基督教不同，在基督教传入之前的古希腊和古罗马，神和人的关系并非截然分裂的，尽管神有着自己的尊严，但是神同样关照着大地上的城邦和国度，那么神和人在古希腊和古罗马中是一种共在的关系，而不是像基督教的上帝绝对外在于人。

那么，如果我们将 panthéon 理解为古希腊和古罗马的一个神庙，在这里，神与人的关系如何呢？或者更进一步来说，神庙和古希腊或者古罗马的哲人的关系如何呢？毕竟，当我们讨论这个问题的前提，不是那种庸碌之辈的问题，其中的核心命题已经被巴迪欧定义死了，是哲学家，亦即哲人，同 panthéon 的关系。关于哲人同神庙的关系，在文献中的记载并不多。但是有一个最著名的例子，就是作为哲人的苏格拉底同太阳神的戴尔斐神庙的关系。传说戴尔斐神庙上有三条箴言，其中最著名的一条是"认识你自己"（νώθι σεαυτόν）〔另外两条分别是"你是"（ει'）和"毋过"（μηδεν αγαν）〕，而当有人戏谑地向戴尔斐神庙求神谕"谁是天底下最聪明的人"，神谕回答说："在所有的凡人中，苏格拉底是最聪明的。"这个故事作为古希腊哲人的经典被永恒地传诵着。不过，这里面涉及了一个被列奥·施特劳斯称之为政治哲学的基本问题的问题，即神与作为此在的城邦中生活的哲人之间关系的问题。因为，在地上的哲人始终在思考什么才是最值得过的生活，什么样的城邦才是最好的城邦。对于苏格拉底来说，这是哲人的使命，是古典政治哲学必须面对的一个问题。但是这个问题还有另一个层面，即一个永恒的神的维度，即在戴尔斐神庙的神谕中表达出来的那个绝对的维度。可以说，在苏格拉底的这个经典的故事中，哲人的维度和神的维度在这里交织了，而且哲学通过自己的行为，让其从平俗的城邦政治生活中脱离出来（尽管这种平俗的政治生活必然是哲人的起点），上升到一种更值得过的哲人式的生活方式之中。哲人的上升面对应的另一个过程就是神谕的下降，这个过程曾经在柏拉图的最后一部巨著《法篇》中得到一种巧妙的交融。但是，在这个故事里，普遍性的真是以神谕的方式下降的，真不作为绝对性在这个世界上显现出来，它必须具有一个具体的身体，一个可以道出绝对之真的身体，这个是绝对之真的临圣，一种道成肉身，这种道成肉身，在苏格拉底的身体上融合了。这样，哲人从世俗的政治世界的上升和绝对的真在世界之中的临圣，都在戴尔斐神庙的神谕中一体化了。神谕的告诫不仅仅指出了谁是最聪明的人，而且也指出了，苏格拉底的生活是最值得过的生活，亦即一种观念化（Ideation）的生活。

其实，如果仔细来看，巴迪欧在近期的一些著作中在有意识地向古希腊回归，其中包括他在巴黎高师的讲座中以柏拉图为专题进行讲座，也包括他不满意于传统对柏拉图的经典《理想国》的翻译〔尤其反感将其标题翻译为共和国（法语对应的是République）〕。我看到了一个很有意思的倾向，即巴迪欧在思想上越来越接近于芝加哥学派的古典政治哲学的哲人列奥·施特劳斯。一个激进左翼会和一个保守的古典右翼讲到了一起，我称之为"两极相通"

（我现在也正在写作一篇关于这个话题的论文，题为《两极相通：巴迪欧与列奥·施特劳斯的相遇》），这种相通既表现为巴迪欧和施特劳斯对当代自由主义的政治哲学中怀疑论和相对主义倾向的摒弃，也表现为他们都思考了一个共同的问题，即哲人（或哲学家）同一种永恒的绝对观念的关系问题（尽管两人的思考问题的途径是迥异的）。他们的一个共同的结论，都是回溯到了柏拉图以及苏格拉底，即过一种有观念（Idée）的生活，让观念来指引我们的生活方向，亦即一个什么样的生活才是最好的生活的问题。

通过这种梳理，我们或许可以理解，巴迪欧为什么十分属意现在的这个书名。也就是说，巴迪欧并不打算在一种特殊的辖域之内来谈论哲学家及其观念的问题，更不是一种为了忘却的怀念，他更需要的是，在当代将这些哲学家那里的观念加以激活。让观念的光芒可以更多地普照在这个大地上。但是正如巴迪欧反复指出的，这种光芒的照射，并不是随时随地都可以得到的，它十分稀缺，更多的时候，大写的真的光芒只会在事件划破宁静的夜空的那一刻放射出来，我们也只有在那一瞬间才能偶然捕捉到那个大写的真的光芒。不过，尽管如此，并不是所有的人都可以捕捉到那个光芒的，这里有两个因素，巴迪欧都曾经强调过：一个是事件稍纵即逝，我们很难在那一瞬间把握住它；另一个是，能够把握住那个光芒的主体是稀缺的，用巴迪欧的话来说，只有我们忠实于那个事件，忠实于那个瞬间，我们才能对事件进行追溯。那么，事件飘逝而过，留下的是一种痕迹，而这种痕迹恰恰又是主体操作的结果，或者说，主体对事件的忠实呈现为我们理解事件打开了一扇门。尽管我们捕捉不到那个原本的真，但是我们可以通过那个事件痕迹，回溯到事件，并得到一种真与这个世界的关联，即观念。这样，观念便成为我们在这个世界上的明灯，成了我们走向大写的联合的最终统一。因此，只有在这个意义上，我们才能深入理解巴迪欧对于这十四位哲学家描述的真意，他们为我们留下的不是死去的文字，而是忠实记载着事件的痕迹的圣体。他们都是主体，借助他们独特性的操作，让一种非在成为存在，对这种存在的记载，就在他们那些蕴含着大写的真的痕迹的文本之中。因此，对于巴迪欧而言，对十四位哲学家的祭奠，绝非一种对死去化作历史尘埃的祭奠，而是一种复活。他们的观念以一种绝对的真的方式重新照耀着我们，当我们推开那扇文字的大门的时候，一种圣灵的光芒从字里行间透露出来，这已经不属于向死而生的已逝先贤的痕迹，而是一种绝对的神迹，一种大写的真，以带有观念的形式，向我们普射。

我们看到的是——"万神殿"。

有趣的是，罗马人真的有一个万神殿。我在阅读罗马史的有关文献的时候，就看到了这个万神殿的宗教。据说，建造万神殿的正是罗马帝国的第一任恺撒，即那个在后三头同盟中取胜的屋大维，那个奥古斯都皇帝，他所统治的时代是伏尔泰宣称的历史上最好的四个时代之一的第二时代。公元前27年，屋大维在对安东尼和埃及艳后克里奥帕特拉的战役中获胜，为了纪念这次战役的胜利，屋大维命令他的副手阿格里巴修建了这座神庙，这座神庙从一开始就被叫作Pantheon，即万神殿，也有人音译为潘提翁神殿。有趣的是，这座神殿里供奉的并不仅仅是诸神，那些对罗马帝国做出巨大贡献的君王，在经过元老院审议之后，可以被批准列入诸神之列，这样君王的遗骸也可以得以进入万神殿。万神殿是对罗马帝国皇帝的一个裁决，是否能够在死后进入万神殿，也是诸多罗马皇帝梦想的目标。一些著名的明君，如奥古斯都、图拉真，以及撰写了《沉思录》的马可·奥勒留，后来赦免基督徒的君士坦丁大帝，都作为诸神，在死后进入万神殿之中。一个君主是否能进入万神殿，元老院需要经过严格的审核。当然，可以进入万神殿的君主，一般应该具有相应的武功（为罗马开拓疆土，或者成功地抵御野蛮人的进攻），并且拥有作为一个君王应有的德性（对于臣民和士兵的和蔼，对国家善治等）。这样的条件非常严苛，不仅仅那些暴君和昏君（如尼禄、图密善之类）不能进入万神殿（相反，这些暴君的尸体都不能葬在罗马城内，甚至被抛尸，如尼禄），那些用兵变上台的人，即便有所武功，在死后也无缘万神殿。不仅如此，那些在位不长的君主，如掌管帝国只有七个月的维特利乌斯，也没有资格进入万神殿之中。在涉及是否能进入万神殿，有一个君主在死后引发了争议，这个君主就是重建了万神殿，并在万神殿的立柱上铭刻下"吕奇乌斯的儿子、三度执政官玛尔库斯·阿格里巴建造此庙"的哈德良。对于这位君主，《罗马国史大纲》的作者尤特罗庇乌斯有一个评价："在整个当政时期，哈德良尽享太平。他唯一的一次战斗也是让属下去进行的。他巡行在整个罗马世界，还大兴土木。他说出的拉丁语极富修辞，道出的希腊语又极富学识。虽然他在仁爱方面的声誉并非那么出名，可他仍极其勤勉地恪守着财政制度和军事纪律。"① 尤特罗庇乌斯对哈德良的评价可谓是中道的，他武功并不像他的前任图拉真那样显著，但是从品质上来说，仍然不失为一个温和而有德性的君王。其实，如果再细说一下，哈德良也并非没有武功，他曾经在英格兰进行征战，并在那里修筑了一道著名的城墙。但是，对于这样一个帝王，元老院始终不太愿意将其列入诸神之类，让其魂归万神殿。最终是他的继任者福维斯的坚持（元老院最终都极力反对哈德良进入万神殿），才让哈德良在万神殿里获得了一个神位。从哈德良的例子可以看出，进入万神殿的罗马帝王都是经过了严格筛选的，他们必须具有伟大的事业，亦即他们的确在他们的统治时代，为帝国及其人民创造了福祉。任何沽名钓誉之辈是不可能获得此等殊荣的，也正因为如此，那些君王才

---

① ［古罗马］尤特罗庇乌斯：《罗马国史大纲》，谢品巍译，上海：上海人民出版社2011年版，第86页。

能被罗马臣民尊称为神来供奉。

其实,这里涉及巴迪欧哲学的一个很隐蔽的方面,或者说,这是我为什么更希望称这本小书为《小万神殿》的另一个原因。即进入万神殿的罗马君主是从这个世界的事业开始的,最终上升到神的过程,其是否能够进入万神殿,并非一开始就注定了的,这个取决于君主(主体)的行为。也就是说,他们必须将自己的行为联合到一种共同的事业中(在罗马帝国,这个事业就是罗马帝国的荣耀),他们才具有成为神的可能。这个逻辑本身就是巴迪欧在《世界的逻辑:存在与事件2》和《第二哲学宣言》中的逻辑,即从这个世界找到一个跨越所有世界的真理——成为诸神。诸神的事业并非一开始就注定的,其神圣性与我们生活的这个世界密切相关。其实,这也体现了巴迪欧从《存在与事件》中的本体论向《世界的逻辑》的现象学的转向,因为在巴迪欧1988年的《存在与事件》中,他更多是从纯粹的数学体系来建构一个本体论的天国,虽然说,巴迪欧仍然希望那个天国能够对此世进行指导,但是那个过程仍然是下降的过程,好比在《理想国》伊始,苏格拉底出现在比雷埃夫斯港的那种下降。但是真正的问题不在于下降,而在于上升。神的事业,或者在巴迪欧这里,绝对观念的事业,是从人间的事物开始的,这正是巴迪欧必须转向"世界的逻辑"的原因,因为真正的普遍性不能单纯依靠抽象的理论(这并不意味着巴迪欧认为抽象理论的结论是错误），而是需要从此世的行为中找到一条切实可以通向绝对的路径，即我们如何进入"万神殿"的路径，这条路径是作为主体走出来的路径，一种在此世的践踏中找到路径，在我们披荆斩棘的寻觅的路径的最终点，就是**"万神殿"的入口**。

最后，需要指出的是，不是在世间的任何努力都可以为我们开辟通向"万神殿"的道路。正如具有武功又具有君王德性的君主才可以进入万神殿一样，巴迪欧对可以进入他的"小万神殿"的哲学家进行了严格的筛选。巴迪欧的标准是一种真正的哲学，一种仍然带有生命力的哲学。与那些苟延残喘，或者将哲学家本人的事业委身于资本的商业化运作的哲学不同，一种真正的哲学必须为我们打开未来的可能性，即让主体化联合到大写的真理之中。巴迪欧对此十分不客气，他说"在我看来，只有一种真正的哲学，除了我这个小万神殿里面涵括的十四个哲学家的哲学之外，再没有真正的哲学了"。关键是，我们应该怎样理解在这本书中出现的十四个名字，他们的思想为什么可以成为巴迪欧所言之真正的哲学。在这十四个人中间，拉康、康吉莱姆、卡瓦耶斯、伊波利特、阿尔都塞、萨特等人都应该算是巴迪欧的师长，尤其是伊波利特、阿尔都塞和巴迪欧的关系非同一般。另外一些人，除福柯外，基本上都和巴迪欧发生过口角，其中以德勒兹和利奥塔为最。在"五月风暴"时期，巴迪欧曾带人到德勒兹的课堂上捣乱，而德勒兹对巴迪欧的回击也很不客气，利奥塔曾是巴迪欧的战友，但是在20世纪80年代之后，利奥塔的右转让巴迪欧不可接受。但是这些东西都不妨碍巴迪欧将他们列入他自己的"万神殿"之中，因为，的确巴迪欧自己从这些已经逝去的哲学家中受益良多，尽管受益绝不等于是对其他人思想的愚忠。被列入到巴迪欧的"万神殿"的这些人，有一个共性，即在巴迪欧看来，这些人都打开了一扇门，一扇可以通向绝对的门。尽管在某些地方，这些哲学家的论述相互抵牾，甚至是不留情面地争辩，但是，他们有可能都点燃了一束灯光，在这个灯光下，我们看到那个原本被我们认定为光滑无断裂的连贯性的状态居然是一种自欺欺人的伪饰，在这个伪饰之下，更多的是涌动的原生性的不连贯的力量。在巴迪欧的《世纪》中，他曾将这种连贯性的伪饰命名为"蒙太奇式的伪饰"，一种拼贴，然而，真正的真和永恒，被这种伪饰的拼贴给遮蔽了。这样，十四位思想家都做了一件同样的事，即他们从不同的侧面，从不同的角度，用不同的表达，向我们展现了那个被遮蔽的真可能是什么。而正是这一功绩，足以让他们中的每一位位列诸神之列，他们向我们敞开了那个在世间被平滑而整齐的遮羞布所遮蔽的真理，当他们为我们撕开一道道裂缝的时候，绝对真理的光芒再次照耀着我们，也只有在那一刻，我们才能呼喊——Vive, le pathéon！（万神殿万岁！）

开 篇

我开始想把这些纪念那些已经逝去的哲学家的集子叫作《墓前演说》（Oraisons funèbre）。但这个题目没有什么意思，而且无法涵括一个明显的文字发展脉络。不过，这也不完全准确。当我在一个错综复杂的游戏谈及我的一些朋友、敌人和伙伴，谈及我的阅读、我的战斗和我的热忱时，我的感觉和博叙埃（Bossuet）并不一样，博叙埃是一位非常重要的作家，而且也不会摧眉折腰伺奉权贵。我并没有这样的负担，即为逝者去祈祷，去以他们为榜样，或为他们唱颂歌。之后，埃里克·哈赞（Eric Hazan）建议了现在的题目，我不假思索就敲定了，这主要是由于这个题目对我来说格外振奋，也不太涉及他们死亡的话题。如今我坚持认为，我们所感兴趣的既非他们的逝去，也非我们的哀伤。如果哲学有什么作用的话，我认为它可以带有我们那种悲怆的情怀，并告诉我们，悲痛并非一种诚挚的情感，我们的哀号并不意味着我们是对的，那种受难也并非思想的立足点。一方面，柏拉图的行为为万物创造出一，这就是大写的**真**（Vrai），而这个大写的真通常会作为**美**（Beau）或者作为**善**（Bien）出现。另一方面，正如罗素指出的那样，人类动物在本质上是善的，有时候当其不是善的时候，那是因为，存在某种外因让其作恶，我们需要找到这些外因，尽可能迅速地将其连根拔除并加以摧毁，不要有丝毫犹豫和懈怠。那些认为人类动物是邪恶的人不过是希望去驯服人类，并想把人类变成郁郁寡欢的工薪族以及被压抑得喘不过气来的消费者，他们在帮助资本进行流通和循环。倘若他们可以在不同的世界中创造出永恒的真理，人就成了自己的天使，那时宗教试图让之双重化。这就是在这个词本真意义上的哲学所告诉我们的东西。在内部的天使能展现其显现时，它必须拥有一个原则或者信条，即使这些原则或信条采用了十分宽泛的形式。我们可以使用毛泽东的口号："抛弃幻想，准备战斗。"无论在什么情况下，去坚持真理，抛掉一切幻想，去战斗而不是去投降。在我看来，只有一种真正的哲学，除了我这个小万神殿里面涵括的十四个名字的哲学之外，再没有真正的哲学了。

问题在于，在今天，"哲学"一词被用在和我们的意思完全相反的信条之上，这个信条可以读解为："靠近幻想，准备投降。"我们看到了一种"哲学"，在杂志上，它如同一本素食菜谱，或者是一种热血沸腾在安乐中，慢慢消亡。

哲学家是一个庞大的工程中的一个小零件：保持工程的有效运行，但需要让其保持冷静。我们可以看到那些"哲学家"宣布，没有恶，绝对的善就是不可企及的，因此，我们必须为同恶的各种形式进行战斗，不要放弃每一寸土地。不过他们的绝对的恶的形式，如果仔细来看，是"共产主义"，而不是"阿拉伯"或者"穆斯林"。因此，我们复苏了那些"价值"，而这些"价值"恰恰是哲学经常告诫我们要摒弃的东西：顺从（于商业合同）、温驯（在面对电视台上的拙劣的演员的傲慢无知时）、现实态度（我们必须要有利润和不平等）、公开的自私（现在，可以看作"现代个人主义"）、殖民优越论（西方的民主货物相对于南方专制坏蛋的优越论）、对有生命的思想的敌视（所有意见都必须纳入考察）、数字崇拜（大多数人通常是对的）、迟钝的千年终结（我们脚下的行星正在变暖）、空泛的宗教（必须存在绝对的某物）……我还可以列举许多，许多"哲学家"和"哲学"丝毫不想阻止去谈论这些问题，相反，他们试图用一些小论文、争论、惹眼的标题（如《股票选择的伦理学：哲学家最后要讲出的话》）以及一些哗众取宠的讨论（如《哲学家：丁字裤还是面纱？》）来影响我们。"哲学家"和"哲学"不断地去贱卖自己的身体（我们记得，德勒兹从一开始就贬斥过这种现象），而媒体的炒作也诞生了一种"新哲学"的注册商标，这些都会在很长一段时间让人们直不起腰来。同样，事情也在发展，不仅仅在咖啡馆里的东西

小万神殿
005

才可以看成是"哲学的"（咖啡馆哲学是一个很邪念的发明，很自然承袭于这种商业咖啡馆的哲学，酒吧里的哲学也会随之跟进）。在这种商业化的哲学产品下，我们的思想不再具有深度。

是的，去回忆一下哲学家是什么样的，这是不错的选择。我们看看在这个标题之下列举的那些近几十年来的例子吧！我们召唤他们，为的是在那些伟大的名字之下，将那个词上的污浊清洗干净，并让其绽放出新的光芒。这个工作异常艰巨，同时也具有相当大的知识上的压力，即我们要去从中无条件地找到至少一个真正的绝对观念，永不言弃，无论其结果如何，即便像马拉美在《伊纪杜尔》（*Igitur*）中所说，没有人会为"完全荒谬的行为承担责任，除非我们最终让无限尘埃落定（fixé）"。

基本上，我们呼唤着那些已经逝去的我的哲学朋友和兄弟，让他们做一个见证，在我们对那些挂羊头卖狗肉的造假者指控中来期待无限的到来。他们将会借助那些颂扬他们的声音说，当代民主唯物主义的律令，即"无须观念，生活下去"（Vis sans Idée），既很廉价，又不连贯。

这些问题在内容和形式上差异极大。这些文本都用来悼念那些伟大的思想，它们通常发表于亡者逝世的场合，或者对亡者的周年纪念，以及召集起来的纪念会上。这些文本的编排是按照这些哲学家的出生日期来编排的。这些文本从形式上，既有小品文，也有长篇大论的沉思之作，但在这个集子的情景中，这些文本之间并无高低贵贱之分。每篇文章的最后一个段落都给出了这些短文的原始出处和日期，同时也给出了一些我与这些哲学家之间关系的相关信息。

他们中一些人曾是我青年时代的老师，我不能说，在今天，我毫无保留地去原原本本地赞同他们。我同其中一些人关系密切，但同另一些人有点争执。但我非常乐意在这里说，这些让我们在今天可以重新来品味的十四位逝去的哲学家，是的，我喜欢他们所有人，是的，我喜欢他们。

雅克·拉康（Jacques Lacan，1901—1981）

那个刚刚去世的人是一个伟大的人，这种伟大，在我们这个不确定的时代，越来越稀少——极其稀少。那些成天与鼠目寸光、内容贫乏的陈词滥调为伍的新闻媒体让他对这一点更加了然于胸。那些媒体却总喜欢让他的死敌和那些已经成为历史陈旧垃圾的人来谈论他。

当在一个时代中，即便是一个人的去世也未必能压住那些人的妒火，那么这些嫉妒将成为我们社会中的真正的野蛮的标志。那些精神分析的侏儒们，那些满嘴流言蜚语的专栏作家都放开嗓子高喊着："他挡了我的道，但他现在完蛋了，现在该关注我了。"

事实上，拉康从一开始就到处树敌，他首先诋毁了那种虚幻的连贯统一的"自我"，他在20世纪50年代就拒绝了美国精神分析学派提出的"保卫自我"的口号。在美国，"保卫自我"让人们可以适应于社会的连续统一性，拉康提出，因为主体是由语言象征性决定的，那么主体不可避免的是欲望的主体，于是，这种欲望主体不可能适应于现实，或许只有在想象中才有这种可能性。

事实上，拉康提出，欲望的原因是一个失去的对象，即匮乏之物，这样，这种匮乏之物在象征的规则之下被阐明，欲望既没有实体，也没有本质。它只有一个真理。

在一系列小型的讲座中，拉康从暗淡的精神分析视野中攫取了第一桶金，对于那些精神分析来说，重要的是真理，而不是幸福（bien-être）。精神分析师的关键且不存在（nul）的角色是让光芒（通常是一种强烈的主观的光芒）照亮断裂的能指，使得欲望的真理滑动起来，而精神分析师个人最终必须让他自己只能与分析的结果保持一致。

拉康在这些小型讲座上的发言造成了针对拉康的带有敌意的争论。最终，在表面上，精神分析国际与他断绝了关系。由于需要将他思想的巨大变革组织起来，并对那些在行为上相信精神分析实践伦理学的精神分析师进行培训，拉康建起了自己的学派。但即使在那里，他最终还是面临着充满了分裂和解散危机，只能勉强维持下去的严峻局面。

似乎可以这样认为，晚年的拉康自20世纪70年代以降再没有什么新的发展。我的看法与之完全相反。在收殓了屈从于意指规则的主体理论之后，拉康最终竭尽所能来研究主体与本真①（réel）的关系。能指规则的理论是不充分的。这里需要的是某种无意识的几何学，一种表达三种介质（déploie）（象征界、想象界、本真界）的方式，在这种方式中，主体的效果得以形成。在这个阶段的思考中，

---

① réel是拉康理论中最难翻译的词汇之一，国内最早将此词翻译为实在与实存（见季广茂翻译的齐泽克《意识形态的崇高客体》）我自己之前习惯将此词译为真，与孔明安教授讨论之后，我将此词改译为本真，因此与一般性的真与真实相区别。——中译注

拉康求助于拓扑几何,这使得他提出了他自己的根本性的唯物主义。

拉康坚持认为,政治对于本真毫无影响。他通常说,"社会往往是一个伤口"。很巧,危机中的马克思主义不可避免地参考了他所归纳的主体辩证法。事实上很明显,衍生于第三国际的党国形式的黯然落幕开启了一个敏感的问题,即政治主体的本质是什么。如今,无论是作为意识的主体(萨特的主体),还是作为自然实体的主体都没有用武之地了。相反,拉康在其理论中归纳的分裂的、漂浮的主体为我们提供了一种走出这种窘境的方式。这样,主体是断裂的产物,而不是表达出现实的观念的结果,甚至也不是工人阶级观念的结果。对于今天的法国马克思主义来说,拉康的作用就如同黑格尔对于19世纪40年代德国革命的作用。

我们发现我们自己再次置身于那种老套的情境之中,我们又面对着那些知识分子的陈词滥调,并自以为是地认为拉康的去世没有什么了不起。我们渴望听到他仍然不得不继续言说。与他所教的课的内容不同,他发展出一种在如今已经非同凡响的思想伦理学。

当然,《鹦鹉》(*Le perroquet*),杂志让我们无数次地追溯到这种伦理学。在那一刻,重要的是,我们可以没有任何限制地追悼那位已经不在我们身边的逝者。

注释：

　　这个文本首先刊登在娜塔莎·米歇尔和我创办的《鹦鹉》双周刊上，这个杂志或许是20世纪80年代最有趣的杂志之一。这篇文章写在拉康逝世后不久，文章的标题出现在1981年11月的杂志的导读上。

　　我经常写作和谈论拉康。他是我第一本哲学"大"作《主体理论》的重要参考。在1994到1995年间，我花了一整年的时间在课堂上讨论他。关于他的思想的讨论的另外两个部分我分别发表在《存在与事件》和《世界的逻辑》中。在经过长期的讨论之后，带着景仰和批判，我们在《条件》中收录了这些讨论的稿子。我借用了拉康的无限的概念，还有知识的观念和爱的真实经验。我最近关于拉康反哲学的稿子将在英文的《拉康印记》（Lacanian Ink）的第27期上发表出来，文章的标题是《眩晕的表达》。（"The formulas of L'Étourdit"）[①]

[①] 原文为英文——中译注。

乔治·康吉莱姆（Georges Canguilhem，1904—1995）
让·卡瓦耶斯（Jean Cavaillès，1903—1944）

我们将在这里，以古老的方式参加由活着的大师向死去的大师致敬的典礼。为此，我们两次打断了快速发展社会的规则，这个社会所膜拜的是故作内行的轻浮。我们会很快地忘掉那些逝去的人，因为我们很快气定神闲地超过了他们，然后我们嘲笑那些大师，因为他们拒绝了新闻媒体和那些知识分子民主的代表们中的"反精英主义"的口号。

乔治·康吉莱姆正是我们这一代人中的实力强劲和朴素谦逊的大师——现在他仍然还是大师，因为没有人会反对这样一个头衔。为什么这个生命科学史专家发挥着巨大的学术影响力，而这种影响力不能脱离他那深不可测的精准的思想？可能是因为他的知识概念在一方面详尽地考察了概念的历史，另一方面这个概念延伸到借助这些概念而运作的纯粹逻辑。因此，康吉莱姆相信一个永恒的自由大学的概念，他比任何人更热衷于区分出什么是正确的，而什么仅仅是相似，他所关注的领域远远超越了专门的知识领域，在那里，他胜人一筹地将历史同行动伦理学的意义结合起来。

因此，康吉莱姆所关注的这些问题让他成为那些另类的青年哲学家中的大师，这些青年哲学家后来不仅背离了他们自己，也背离了康吉莱姆，尤其是在1968年的"五月风暴"中，大家永远摧毁了与权威有着千丝万缕联系的大学的大厦。他——康吉莱姆——作为唯一的右派，仍然坚持对这种权威保持忠实。

我们可以讲两个事情：

第一个事情，康吉莱姆仍然是一个伟大的古典思想家，这一点也表现在他的著作中①，所有这些著作都是围绕一系列主题来建构的。这些主题涉及我们国家伟大的认识论传统，这种认识论通过对概念谱系的历史考察，探索了他们所关注的领域中解释的冲突和对领域重塑的断裂。因此，康吉莱姆所谓的生命科学也是科瓦雷和巴什拉所谓的物理学（形下学），这也是被纳粹杀害的让·卡瓦耶斯和阿尔伯·劳特曼研究数学的起点。

但除了在其对象的特殊性之外，仍有些东西无法被改变，即康吉莱姆所代表的权威的主观作用。因此，这位大师的生活和工作，既在体制上亦在知识上受惠于上帝和这些条件，这些条件涉及我们对在1950到1967年间仍然没有被人们所触及的知识的渴望。

---

① 乔治·康吉莱姆的几部著作（都是 Vrin 出版的）：《生命的知识》（1965年），《科学史和科学哲学研究》（1969年），《生命科学史中的意识形态和科学》（1981年）。

第二个事情，即关于他的一本名为《让·卡瓦耶斯的生与死》①的小书。准确来说，这本书不是对一个学者的记录，也不是非常简单地向一位被杀害的哲学家，一位抵抗运动的战士致敬，而是关系到另一个时代中那些大师们的失落的秘密。

这本小书将三篇同一种风格的文章合在一起，这种风格有些过时，但只有那些被我们时代的野蛮所摧毁的人才会对这种过时的风格感到迷惑：即纪念离我们远去的伟大人物的葬礼。

毛泽东不会同意这种现代的反讽，他坚持"不管死了谁，不管是炊事员，是战士，只要他是做过一些有益的工作的，我们都要给他送葬，开追悼会"。②

《让·卡瓦耶斯的生与死》收录的是康吉莱姆1967年在斯特拉斯堡的安菲剧院，还有1969年在法国广播电视台，1974年的巴黎大学索邦学院的纪念让·卡瓦耶斯的发言。在这些纪念仪式中，康吉莱姆这样总结让·卡瓦耶斯：他是一位哲学家、数学家、逻辑学教师，"南方解放自由运动"的奠基人，"Cohor"战斗行动网络的创始人。他1942年被捕，后越狱，1943年再次被捕，受尽严刑拷打，最后被枪杀。他的尸体被置放在阿莱（Arras）的公墓的一个角

---

① 乔治·康吉莱姆:《让·卡瓦耶斯的生与死》，Allia版，1976，这本书仅仅发行了464册。
② 《毛泽东选集》第三卷，人民出版社1991年版，第1 005页。

落里，上面写着"无名氏5号"①。

但康吉莱姆试图重构的东西超越了对一个英雄的命名。（康吉莱姆写道："一个带来巨大冲击的哲学——数学家，他如此明晰但有些草率，在毫不乐观的情况下解决了问题。如果这个人不是英雄，还有谁是英雄。"）说句良心话，在康吉莱姆追寻的方法论中，他试图解开卡瓦耶斯的哲学和他的行动、他的死亡之间的关联的秘密。

的确，似乎这是一个谜，就如同卡瓦耶斯丝毫没有任何政治理论一样。卡瓦耶斯完全在数学领域内研究。还有，他认为数学哲学必须让自身杜绝引入一个建构性的数学主体，需要严格检验数学观念的内在必然性。他的论文《论逻辑和科学理论》（"Sur la logique et la théorie de la science"，这篇论文写于他第一次被贝当政权关押于圣保罗监狱时）的最后一句，这句话变得非常著名，他提出意识哲学必须被概念的辩证法所取代。在这个意义上，卡瓦耶斯提前二十年做了六十年代哲学家们试图做的事情。

准确来讲，在这个严格要求下，在这种对必然性的有文化的崇拜中，康吉莱姆看到了卡瓦耶斯的行为同他作为一个逻辑学家的实践之间的统一。因为，卡瓦耶斯从斯宾诺莎那里习得，尝试着祛除知识的主观色彩，因为他也将抵抗看作一种不可避免的必然性，一种无须诉诸大写自我

---

① 卡瓦耶斯的主要著作:《数学哲学》（Hermann 版，1962），《论逻辑和科学理论》（Vrin 版，1976），《定理与形式主义方法》（Hermann 版，1938）

的必然性。在1943年，他宣称"我是斯宾诺莎的追随者，我认为我们可以到处找到必然性。数学的逻辑推导是必然的。我们所赌下的这场斗争也是必然的"。

在卸下了与他自身相关的所有包袱之后，卡瓦耶斯因而践行了一种抵抗的极端形式，他穿着工作人员的服装，潜入位于Lorient的德国克雷格海军潜艇基地，同样，他在科学上也有一种素朴的坚韧。死亡不过是一种可能的中立的结果，因为，正如斯宾诺莎所说，"一个自由的人至少可以思考死亡，他的智慧是对生命，而不是对死亡的沉思"。

康吉莱姆说道："卡瓦耶斯是一位因逻辑而抵抗的战士。"这个评断非常有力，我们可以认为康吉莱姆对这一点语焉不详，尽管我们知道他自己也为了同样的原因在抵抗运动中极其活跃。因此，他可以正当地嘲笑那些尽管将人性、伦理和意识哲学化了，但"只谈论自己，认为只有他们能够谈论抵抗"的人。

我们可能非常清楚，为何乔治·康吉莱姆向我们指出什么是哲学的本真性。这谈论的并非政治，我们的差异或许会变得十分明显，而是是什么让政治变成了普遍的可能性：与自己没有太大关系，即便存在一个不可否认的历史因素需要我们去奉献。如果我们没有遇到这个需要，我们牺牲的不仅是我们的尊严，还有所有的伦理，最终也包括所有的逻辑和所有的思想。

如果没有作我们主观连贯性的无法压制的需要的话，

思想的秩序就什么也不是。在某个时期，当波兰工人自己命名了抵抗运动，并当战争再一次袭扰了世界时，它就不再是无意义的。

因此，像康吉莱姆感谢卡瓦耶斯一样，将这些归功于康吉莱姆是正确且适宜的。当然，我们要感谢他们，我们可以在这里再次借用斯宾诺莎的话"只有自由的人才会彼此感谢"。

注释：

这个文本发表于《鹦鹉》杂志的1982年的2月刊上，康吉莱姆对我在论及斯宾诺莎《伦理学》的硕士论文进行了指导。后来，我和他的关系开始疏远，尤其在1968年之后。不过他对我的《主体理论》（1982年）评价很好，但他恶评了我的《存在与事件》，他写信告诉我他"觉得其一无是处"。1990年11月，哲学国际学院组织了以他为名的讨论会，我提交了一篇长篇论文，提出了一个问题，即他是否描述了主体的一个特殊概念。他很和蔼地写信告诉我，这篇论文是他关注的中心。那是他和我最后一次谈话，当然，他显得十分和蔼可亲。

让-保罗·萨特（Jean-Paul Sartre，1905—1980）

萨特参与了三场伟大的政治斗争。正是因为这些斗争，他成了所有支持他的人缅怀的进步知识分子的象征性形象，而反对他的人诋毁他，认为这是他的错误、颠倒是非和犯罪。20世纪50年代，在法国追随美国那歇斯底里的反共产主义浪潮中，萨特站在作为法国工人阶级的唯一代表法国共产党一边。60年代，萨特支持反帝国主义斗争。他反对在阿尔及利亚的殖民战争。他发现了第三世界国家的人民群众的力量。70年代，即在1968年的"五月风暴"后，萨特认识到法国共产党的反动性。在那些岁月里，他和毛主义一道，站在移民、没有技能的工厂工人、北方分离运动的少数民族以及反资本主义和反工会斗争一边。

萨特在三十年里，他的造反是正确的，他立场的转变是深思熟虑的，他对敌人的怒火是适宜的。所有这些都沐浴在没有受到任何冲击的国际的光辉之中。从我们的文学史的角度来看，唯一可以与萨特相媲美的只有伏尔泰——这位在18世纪为加拉（Galas）、西尔文（Sirven）和巴尔的骑士（le chevalier de la Barre）辩护的文学王子；卢梭——这位最畅销作家烧掉了自己的《社会契约论》；维克多·雨果——一位活历史纪念碑，他是唯一一位反对雾月政变，反对对巴黎公社进行镇压的艺术家和知识分子。他们都是我们国家伟大的作家，他们有着庞大的读者群体，有着荣耀的地位，他们拒绝在任何人面前卑躬屈膝，热衷于那从未熄灭过的自由造反运动，他们是永不投降的作家。

如果说在萨特身上有什么未解之谜的话，这个谜并不是像一些人在今天所说的他在 20 世纪 50 年代倒向了斯大林阵营那一边。恰恰相反，对于萨特来说，那一次转向是他真正的转变。当萨特对法共不抱有任何幻想之后，他在那一刻实现了在历史情境中摆在知识分子面前的选择，那些所谓保持中立的人实际上选择了停留在社会保守主义那一边。当萨特说"反对共产主义的人是条狗"时，他只是认识到了一个必然的政治现实。在 1950 年，的确是这样，反共产主义分子摒弃了他们的责任，而选择了既是对他们自己，也是对他人的奴役和压迫。从具体的历史来看，正是由于选项太过有限，才使得萨特不得不从自己的个体拯救的形而上学中金蝉脱壳。

我们从他的剧作《启明星和主人》中窥探到他转变的那一刻（那一刻既是纯粹的，也是模糊的）。戈茨（Goetz）想做一个**好**英雄，但之后他却当了一个**坏**英雄。不过在德国农民战争中这种形式伦理导致了灾难。因此，戈茨重新加入了农民军，他心中只有一个特别的任务：赢得战争。像斯大林一样，他统治着军队，而这支军队面临着农民队伍中分裂的威胁，他只有用恐怖来维护军队的统一。这就是戈茨最后的话：

> 我想要他们恨我，因为我知道除此之外我没有别的方式爱他们。我想要给予他们命令，因为除此之外没有别的方式让他们听从。我想要维护我高高在上的地位，因为除此之外我没有别的方式可以让我成为他们中的一员。这就是进行战斗的战争，而我将会战斗下去。

从这里可以看出萨特仍然相信一直存在着需要去战斗的战争。在1950年，他仍然认为独自一人是成为大众中一员的唯一方式，这正是他过去的路径。但他想改变。重要的是，在1950年，萨特成为特别委员会的成员，他卷入了具体的历史冲突。于是他经历了我所说的三个斗争。这就是萨特的逻辑——一个极深刻的逻辑。

萨特之谜在那之前就出现了。他错过了一次斗争，那时，他既不想对他的实践态度，也不想对他的哲学进行革命。这个斗争就是反纳粹的抵抗运动。萨特是在1945到1950年间才介入政治的。起初，是他的形而上学和艺术赋予他名气。这是因为他的第一部哲学作品写于战争期间。他的《存在与虚无》出版于1943年。在他的哲学和他的政治态度之间有一个巨大的鸿沟。萨特在其经验中，提出了大写主体的绝对自由，在此期间，自由还仍然只是一个个体意识的东西，其与大他者的关系当然也是一个预先给定的意识结构。但我同大他者的关系正是让我通过大他者的凝视来看到自身的东西，我如同一个害羞的事物，如同被还原为我所不是的那个存在（因为我是自由的，所以我才不是那个存在）。因此，同大他者的关系在那一刻在受虐（让我们自己向他人献媚）和施虐（我为了成为我而创造了他人）之间来回摇摆。在两种情况下，自由在存在中萎缩了，一方面是由于我在自身中否定了它，另一方面在他人那里也否认了它。因此，萨特的这种可以在彼此间来回流动的自由使得他根本不可能谈论任何互利式或斗争式的团结。主体是自由的，它永无止境地从存在中脱出，而人成了人的地狱。从这个角度而言，没有一个政治因素可以在集体性规划中将人们的意识统一起来。所有的统一都是外在的统一，即其自身的存在形式总要指涉一个大他者，指涉一个看不到的凝视，对于这个凝视着我们的大他者而言，我们只是一个物，而且我们自由地认可了我们就是一个物。因此，任何集体性规划都只能是消极的。只有个体才是积极的中心。即使在20世纪60年代，萨特仍然将"集体"看成个体的聚集，而这种聚集的统一体是一种消极的综合。

但是从40年代以后，萨特开始围绕一个问题付出了大量的努力：运动。这个唯一作为自由个体意识的模式，是如何成为集体性前提的？我们又如何能够摆脱那种所有的不可避免地成为消极统一体的历史和社会现实？这些努力的最终成果就是1960年出版的《辩证理性批判》。

同时，问题在于，事情的发展走向了一个非常不同的方向。阿尔都塞通过拒斥萨特的理论框架，消解了一切历史主体来固守马克思主义的固有边界。阿尔都塞发展了一种马克思主义的结构分析。阿尔都塞强调科学性，而萨特仅仅只是小心翼翼地涉足了这个问题吗？活的马克思主义原先采用了一种途径来发展自身，但这条途径并不是萨特的途径。在60年代末期，毛主义者将马克思主义同中国"文革"的历史经验结合起来。他们提出在理论上科学的划界就是实践上造反运动的划界。

事后，或许可以说，在"五月风暴"之后，甚至到今天，政治主体化似乎是马克思主义的中心内容。其采用了两种问题形式：

大众能够独立进行的革命运动是什么？他们能像毛主义所宣称那样"自力更生"吗？那么大众运动和庞大的静态的帝国主义制度（议会制和贸易联盟）之间的关系是什么？

在今天，我们需要一个什么样的工人阶级政党？政治主体构成的内核是什么？

如果你喜欢采用那种方式来思考的话，我们应回到萨特的基本问题。尽管在一个更深的层次上我们也可以说：我们在今天不可避免要谈论的主体并不是大写历史的主体。历史的总体化对我们来说没有什么用，我们谈论的是一个非常特殊的主体：政治性主体。因此，萨特的问题，准确来说不是一个正确的问题，其总结的所有的他试图去做的意义是非常复杂的。

首先，我们发现在萨特那里有一些令人惊异的历史总体和具体描述的社会总体。他区分了三种总体类型：① 系列（série），这是一种静态的聚集；② 团体（groupe），这是集体自由和互惠；③ 组织（organisation），这是一系列已经被团体内在化的形式。

系列是社会静态的集体形式。萨特称之为"无机的社会存在物"。系列是人的聚集，在那里，每个人都是孤独的，因为他可以与所有他人置换。萨特的例子是在巴士站的候车的一个队伍：每一个在那里都出于相同的原因，但这种共同兴趣让人们永远聚集在一起。这里，每一个人对其他人都漠不关心——我们不会和他人说话，而是和别人一样，简单地在那里候车。在系列中，人们是通过客体联系在一起的。这些人聚集为一个统一体是因为他们同客体的关系是一样的。但是那种外在的认同成了内在的异化：如果是客体让我显得和他人一样，那我就不是我自己了（外在于自己）。萨特指出："所有人和他人一样，在这个意义上，也就是说他外在于自己。"最终系列的规则是通过分散而统一。萨特将这个规则拓展到所有的集体活动中：在组装线上或在当地政府工作，听收音机——在所有这些例子中，是客体对象生产了一种无差别的统一体，这个统一体建立在分散基础之上。总而言之,这是一个消极的综合。正是在那里,物质生产对个体实践产生了冲击,并将个体总体化到一个静态统一之中。人类的系列统一体是一种羸弱的统一:这种统一将存在者等同于他者,每一个人都外在于自身,因此这远离了自由实践。系列的规则就是他者的规则。在这一点上,萨特重新发现了马克思主义的伟大观念:人民的羸弱在于他们自己在内部是分化和分散的。正因为如此,他者对自我,资产阶级对大众的统治得以实现。这里展现了萨特的悲观主义的痕迹,因为对于萨特来说,系列就是社会的原型。如果我们这样来看的话,这正是大众生活最普普通通的结构。

融合在一起的团体的出现,成了社会静态的对立面,另一方面,这也标志着走向了乐观主义。必须指出,在这里,有着某种辩证蒙昧性存在。那些彼此分化、分散的社会整体下的羸弱的人是如何突然成为一个积极的统一体的,在那里,人们彼此都相互了解。值得注意的是,萨特从马尔罗那里借用了一个表达,他将这个事件叫作启示。启示意味着系列消解并熔合成一个团体。一部分这类要求的介入是外在的:要注意到,对系列的消解并创造出一个互惠的团体,从其内在本质中是无法完成的。比如说,开始还彼此漠不关心的我们所等的巴士半天不来,这时有些人就会开始抗议和抱怨。于是人们开始彼此谈论他们的外在条件的不人道。这时,熔合的要素已经开始浮现出来。分散的统一被实践为一种内在化的统一：我们开始同他者讲话，因为他人和我一样，发现他们的等待也是无法忍受的。这样，原先那种"我和他者一样，存在外在于我"的情况变成了"他人和我一样，我们不再是他我"。正如萨特所说，在系列中，统一体是随处创造出来的，在表面上它们依赖于一个共同的客体。这是一个消极的统一体。在熔合起来的团体中，统一体是在我和所有其他人之中立即出现在那里的。这是一个积极的统一体，也是一个普遍存在的统一体。在系列那里，大他者是随处可见的，而在熔合起来的团体那里，同一性是随处可见的。

每一个人都可以向所有他人指出他们同他人的实践统一体展示了一种新的统一。例如某人说"让我们都来抗议吧"，所有人都会跟随他，因为这种实践性召唤介入他们每一个人当中。系列真正地被消解了。说出这话的人并没有制度上或外在的身份。他是一个匿名个体，通过他所有人都成为这个互惠的整体的可能的介入者。这个人就是萨特所谓的调节性的第三方。这个调节性的第三方指的是那些同所有的个体活动建立起实践关系的人的形象。一个熔合的团体正是由这样一些个体组成的，在他们那里，他们都成了第三方的成员，因为第三方在行动中将熔合的团体内部总体化了。第三方既不是主人，也不是领导，所有自发地在方向和意图上和他人一起消解了静态的系列的人都是第三方。所有人对于第三方的意义也正是第三方对团体的意义。

萨特将这个规划应用到对反叛和起义的岁月的开宗明义的分析之中。他列举了系列集体的特殊成就（攻打巴士底狱的风暴）。他展现了那些忍无可忍的群众（他们充满着贫穷和恐惧）给那个静态的系列带来了巨大的冲击。他展现了熔合的出现（有人喊道："到巴士底狱去"）。他们也在资产阶级革命框架中这样做了（这一点非常值得注意），尤其是在 1789 年。于是，他指出在那些反叛的岁月里，根本没有制度性政治力量的辩证法，在那里，人民群众没有直接现存的人民的党。从这一点来看，熔合是一个历史的革命性概念，而不是一个政治性的概念。

对第三种集合形式（即组织）的讨论涉及政治。组织的母体，或者说让其从熔合走向制度（这是另一个系列集体）的东西就是誓言。一旦团体有可能解散，而需要对其内在化时，誓言就出现了。每个人都是其他人的第三方，他既害怕对团体的消散是别人干的，也害怕是他自己干的。临时性的互惠团体是不够的。它需要一个稳定的中介。正是誓言让每一个人都让自己在其中保持了同一。誓言让我认可了第三方不会成为大他者，同时，我也认可了我也不会成为我的第三方的大他者。无论其采取什么样的形式，誓言都是在团体之内针对对内在性的背叛的斗争。背叛是不可避免的，这是因为分散是社会性形式的常态。如果系列不会再出现，团体就必须在一个本质的主体性要素的形式中承受一个针对其自身的反作用力。那些要素就是对背叛者的恐惧，不是在他人那里，而是在我自己这里。

组织化过程的基础是恐惧，即让背叛者感到恐惧，这反映了萨特深层的悲观主义。誓言必然被一种恐惧的氛围所萦绕。为什么？因为不会有人知道是否他人真的十分害怕被背叛。为了让这个恐惧感平等化，团体必须在自身之内建立一种相互恐惧：那些背叛誓言的人将会受到其他人的惩罚。这是团体的一种新的内在形式。乐观的是，恐惧与博爱携手前行。借助誓言，团体决定了自身的命运，每个人都成了他自己的子嗣，每个人也都注定通过相互扶持与他人团结在一起。博爱是一种模式，在这种模式中，每一个人都同他人相关，经历了自己的诞生，他成了这个团体中平平常常的一员。

被誓言所团结起来的团体的生命是由博爱——恐惧所主宰的。这让团体建立了实践自由和系列的辩证法，我和他人一样，决定了已经被恐惧所内在化的博爱，决定了被所有人所承受的必然的内在压力。在此基础上，萨特的这个研究让我们理解了组织和制度。在这个阶段，惰性的东西得到了发展，而熔合的记忆萎缩了。压迫胜过了博爱。工作上的永久性分工取代了调节性第三方的作用。制度让我们返回到起点，即系列集体，这个统一体不过是一个分工的统一。最高的制度形式就是国家。

或许最有趣的事情是，这让我们可以感受到马克思主义阶级概念的一种新鲜空气。1955年之后，萨特坚决反对从纯客观或者说纯粹社会层面来定义阶级。在他看来，阶级是与系列、团体和制度结合在一起的动态的集合。在生产的层次上，纯工人阶级的客观现实是一种分散的、消极的和系列的统一体。其由分工和竞争的规则所支配。所有的工人阶级的抵抗或生产场所中的造反都是本地的系列的熔合。在那个层次上，存在一种主体性互惠的原则。萨特详细分析了这一点。他讨论的节奏开始变得缓慢，他指明，有一种建立在对系列的竞争的拒绝之上的辩证伦理："如果工人说，'我尽量避免比别人做得更多，为了不让他人做得比他力所能及的做得更多，也是为了不让我做得比我所能做得更多'。他已经是一个辩证人道主义的大师了。"

如果我们思考一下1968年之后，诸如"按你自己的节奏干活"之类的法国和意大利的工人阶级的口号，我们要知道，正是萨特已经认识到工人自己有着重要的政治含义，同时，他们也有着重要的伦理含义。

因此，一个阶级是一个系列：系列是其社会存在；一个阶级是一个熔合的团体：团体是作为大众的实践性存在；一个阶级也是一个组织：它作用于自身之上有一种恐惧——博爱的模式，这个模式或多或少是稳定的，它甚至能采用一种超国家的组织形式，如大工会的模式。其具体历史，像历史主体性一样，是对三个维度的运动的结合，它们三者之间绝非线性的发展。那个意义上，萨特区分了作为社会存在的阶级和作为历史和政治存在的阶级。在具体的历史中，一个阶级存在于社会系列的原子化形式中，并在造反中消解了系列，并为了避免背叛而建构了造反的主体结构，或者通过萨特所谓的自由的专制，建立起博爱的团体。于是，这导致了组织的产生，组织具有让熔合的团体冷却下来的功效，最终熔合的团体被转换成制度，在制度之下又产生了新的系列形式：制度分工在一定意义上复制了劳动分工。

所有这些存在形式都在一个开放的历史话语中彼此共存和困扰。阶级的存在在系列和制度之间来回震荡。这就是其有机的生命。不过，我们能够认识这个循环过程的积极的或者总体化的形式：一方面是个体实践，另一方面是熔合团体。我们也可以发现其消极的、被总体化的形式：一方面是系列，另一方面是制度。在哲学术语中，这些意味着历史的运动不是同质性的，也不是辩证统一的产物。那一刻是反辩证法的时刻：一方面是纯粹的物质，反对个体实践；另一方面是制度，反对团体的起义。不同于黑格尔，萨特试图将辩证的连续统一体加以概念化。实践自由通过自然的静态制度不断将矛头对准自身，尽管制度是这种实践的物质产物。自由的人完全被其对立面所消化吸收，萨特将这个对立面称之为实践—惰性化。所以，自由只有在一个非常特殊的时刻才能感知自身：这个时刻就是系列的消解并联合起来造反的时刻。

不可否认，萨特的逻辑在这里走到了一个瓶颈。如果人是一个真正人——或者换句话说，他能够与大他者实现互惠，这个人只能在消解系列的造反和起义中存在，那么人的统一体就只能以反抗和暴力的形式存在。唯一的集体运动的形式就是大众反抗惰性社会的运动，但那种惰性的社会是受到其对手，国家的最高制度所捍卫的。社会性的一般形式是消极的。难道历史的大方向是走向一个更大的消极的潮流吗？这就是共产主义的观念。不过按照萨特的说法，系列的消极性是集体的积极性的前提条件。事实上，人只有当系列消解之后才真正成为人。积极性和互惠性热衷于解构消极性。如果消极性的社会基础被限制死了，那么人将会以什么样的形式存在？按照萨特的说法，人不过是对非人的消解。辩证法的前提是反辩证法。在这种情况下，我们又如何能企盼一个稳定的未来的到来？事实上，我们感到人的存在只有在灵光一现中，在同惰性的社会粗暴的决裂中才能存在，最终，人又被分散统一体的法则重新纳入惰性的社会中。集体行动是纯粹的造反瞬间。所有其他人都是人的不可避免的非人性的表达，而这种非人性是消极被动的。

萨特的政治是大众运动的政治，这意味着在许多方面，其都是基层政治的。很明显，当他探讨工人阶级组织问题时，他举了工联的例子，似乎在他那里，工联和政党是一样的。基本上，萨特试图维护的马克思主义的主体是一个历史主体，如果我们这样来看的话，它就是一个大众主体。在《辩证理性批判》中，萨特似乎发展了这样一个强大的形式逻辑，这个逻辑让"人民群众创造历史"的原则更为清晰。这里被概念化的是在历史中知道该干什么的人民群众。当人民群众创造了历史时，他们能够通过以同样的形式来"创造"政治吗？

显然，萨特相信组织是绝对的政治术语，在那里，我们不能将历史等同于政治。但萨特一直研究大众，这是为了发现组织的真正的辩证理性。在他看来，一个组织基本上是一个已经被结晶化了的造反。其之所以结晶是因为它已经不得不将团体所反对的消极性内在化。萨特认为，政党一直都是一个工具，它是行动中的消极工具。

在我自己看来，政治主体的逻辑，或者说阶级的逻辑，与大众运动并不存在于一个连续体中。政党是在人民群众之中的一个特殊的过程，但它也带来了一个特别的断裂：众所周知的政治或共产主义的断裂。因此，政党不仅仅是一个工具。政党将人民群众与自己具有同质的成分吸收过来，政党主要具有的是一种意识形态和理论上的本质。其发展的逻辑不仅仅是在暴乱对连续性的打破之中体现出来。它也有自己特殊的连续性，但这种连续性不是先前惰性的制度的那种连续性，而是无产阶级政治的连续性。如果我们从头至尾都这样来思考政治的连续性的话，那么对于人民群众来说，他们不仅仅具有消解系列的破坏性的力量。

我们可以推断，人民群众的运动和观念的内在的正确性不仅仅存在于熔合的团体中。一言以蔽之，我们的结论是，在任何既定的时刻，大众的观念和实践是可以分解和彼此抵触的，集体性经验从不会简单地沦为积极/消极的对立。我们完全可以信任人民群众，因为他们的观念所面对的是这样一个过程，即在这个过程中，他们的整个地基发生了转换，他们宣称的新事物存于积极/消极的对立之外。

最终，萨特将政治学和历史学融合起来，因为历史唯一的驱动力就是透明的个体实践和惰性的物质之间的矛盾。他从中得出了结论，而且这些结论大多都令人如痴如醉。但我们也可以理解，为何在1968年之后，他成了"无产阶级左翼"[①]的先行者。"无产阶级左翼"只有一个口号："造反有理！"萨特在《辩证理性批判》中指出了为什么造反有理的原因。

在我看来，马克思主义试图在理论上进行更新的政治性主体，从来就不是萨特所说的造反中的主体，即便在造反之前它就已经存在也是这样。事实上，无产阶级是人民群众中最活跃的部分，这不能与创造那种始终是正确的大写历史的人民群众混淆起来。在政治性主体中，在新型政治性政党的过程中，存在一种连续性原则，这个原则既不是系列、熔合团体、誓言，也不是制度。这是在萨特的总

[①] "无产阶级左翼"是1968年五月风暴之后建立起来的一个组织，它成为法国最活跃、规模最大的毛主义组织，最终在1973年解散。

体化的实践集合之外的不可还原为其他东西的原则。这个原则不再建基于个体实践。

存在两种萨特无法说明的毛主义的现实必然性。第一个是人民群众的信任，这是一个永恒的原则，它不仅与起义的暴力有关，也与共产主义的未来有关。第二个是新型政党，这不仅是革命观念的支柱，也是自身正确的人民群众的统一体的逻辑的支柱：这个政党是肯定的和创造的，不纯粹是战乱或消解。

萨特仍然是那些重新觉醒的马克思主义战士之一。他激励我们反思政治和历史，这正是因为他尽他最大可能地发展出一个纯粹历史的和革命的马克思主义概念。我们既需要政治性和共产主义，也需要历史性和革命。萨特邀请我们再一次看看政治性主体问题，再一次围绕这一问题而踏上辩证唯物主义哲学的征途。这就是为什么萨特不仅仅是我们行动时候的同伴，他也是我们思考时候的朋友。

注释：

这个文本是法国马克思共产主义联盟（UCFML，我也是这个组织的积极成员之一）邀请我做的一次演讲，这个讲座在萨特逝世几周后在巴黎第七大学举行。演讲的目的是为了驳斥那些粗俗的潮流，公平地概括在萨特和马克思主义之间，还包括萨特和历史学、政治学之间对话的哲学发展。

我演讲的出发点是确信萨特关于主体的名著《辩证理性批判》还不

太为人们（主要是学生）所知。于是，为了简明扼要地抓住要点，同时准确定位萨特的思想方向。在我看来，如果我们不想让那位长期激励进步知识分子前进的萨特仅仅被粗俗的制度所湮没的话，这应该是我的出发点所在。

  1981年，我写完了这个文本，现在，我像往常一样，将这些归功于那个伟人。在我十八岁时，他是毋庸置疑的大师，也正是他激励我，让我对哲学产生了兴趣。最近，我在我的《世界的逻辑》的第四部分将萨特的戏剧作为抽象"点"的理论的例子。

让·伊波利特（Jean Hyppolite, 1907—1968）[①]

为了完全公正地对待他，我们真的必须谈及让·伊波利特，以及他生存上的独特性，尽管他留给我们许多新奇和连续的东西。为什么这个很重要？因为伊波利特建立了一种调节机制，即在哲学的学院体制内（他工作于其中，并身居要津）和体制外之间的调节机制，这个机制非比寻常，也十分孱弱。从这一点来看，他是法国哲学学院派中的一个例外。他界定了一种独特的时刻，那个时刻正是我们（这里的我们，指的是在六十年代二十多岁的人）有幸介入其中的时刻。在那些岁月里，正是由于伊波利特，平常拴得很紧的学院哲学的门栓开始松劲了。于是，他赢得了支持，并与康吉莱姆合作，他们俩在外表上看起来像超越学院派的一对，他们接受"从外部学来"的东西。在这个国家，这种开放性影响了整个哲学史进程。弗里德里克·沃姆斯（Frédéric Worms）喜欢把这个叫作"六十年代的哲学时代"，这个时代发生在 1950 到 1980 年间。这就是为什么伊波利特的人设非常重要。这也是我为什么请你

[①] 让·伊波利特是巴黎高师的校长，也是法兰西学院的教授。他写过多部著作，他也是黑格尔的《精神现象学》的法文译者。他的著作主要包括《马克思和黑格尔研究》《黑格尔精神现象学的线索与结构》《黑格尔历史哲学导论》和《逻辑与存在》。

们允许我讲一些在今天知之甚少的轶事。

已经有很多人强调过伊波利特主要的研究对象是黑格尔。但他还有一些衍生的次要研究方向，这些方向不能像维克多·居赞（Victor Cousin）的经过修正的陈词滥调一样，将其完全划归为他的法国黑格尔研究的计划。我想讲一下这些方向的一些小插曲。

首先，我们从他对《精神现象学》的翻译和对他没完没了的评述开始，这些东西将伊波利特界定为一个**摆渡人**（passeur），我在这里借用了我们今天聚会的标题。在何种意义上，他是一个摆渡人，他像一个偷渡的蛇头，偷偷带着人们跨越了边界？我受到了我的一位德文译者，来自汉堡的哲学家于尔根·布兰克尔（Jürgen Brankel）的评论的影响。他告诉我他对伊波利特翻译的法文版黑格尔的原著非常感兴趣！他认为，在德国，这本书是典型的青年读物，有着漂亮的外观，伊波利特将这本书变成了一个真正的全新的纪念品。按照布兰克尔的说法，这个"译本"实际上是伊波利特自己的书，德国哲学可以从中学到很多东西。这个"译本"可以看成是法国哲学的一个杰出的范例，它表明德国人需要从中学习那种哲学，绝不应回到原著本身，将这个"译本"看成原著的附属物。

因此，似乎摆渡人应该从非常复杂的意义上来理解。伊波利特明显以一种似乎是用法文写作的方式来将《精神现象学》引介给德国人。在这里，我们有一个黑格尔所谓的"外在化"的最极端的例子，或者说通过他者化达到的沉思效果。

毫无疑问，这可以解释这种非常奇特的翻译风格。让我们再来谈论轶事。当我年轻的时候，传闻说伊波利特的德语非常差劲，他的翻译是一种哲学工作，即在这种工作中，语言是为译者服务的工具，而不是翻译背后的动力。有人说这个早上，伊波利特构建了一个法国的黑格尔，因而在那个意义上，他是维利耶·德·利尔-亚当（villiers de l'isle-adam）和马拉美的继承者，而不是大学的衣钵传承者，大学实际上是历史哲学行动的承载者。今天我们有一双明亮犀利的眼睛，目睹我和伊波利特早期的关系。因为我读了他的那个"译本"很久了，没有看过那本书的德文版。幸好，后来于尔根·布兰克尔跟我讲了许多，他告诉我正确理解那本书的方式，主要是仅仅用法文来理解黑格尔。

我第二次遇到让·伊波利特是在巴黎高师的入学考试的时候。他考我哲学。他有点口齿不清，那个时候模仿他说话是巴黎高师学生的一个共同爱好。他问我："巴迪欧先生，什么是事物（chose）？"结果他发音成了"ssoze"。我给他我的答案。若我仍然在一些大的著作里试图对这个问题作出回答，那样我永远通过不了考试。但我灵机一动，和他建立了一个良好的伙伴关系，因为在我接受的修辞学的训练中，我引用了伯弗雷（Beaufret）翻译的巴门尼德的诗。即巴门尼德用来描述月亮的几个单独的句子，我用这个句子来形容我们离事物有多么遥远。"夜晚那道浅亮，在大地上随处游荡，来自于他处的光。"（Claire dans la niut, autour de la terre errante，lumière d'ailleurs）我灵活地引述"来自于他处的光"让伊波利特脸上浮出微微的笑容。我敢肯定，我现在没有什么问题了。即使这样，他还问我："那么事物和客体（objet，伊波利特发音成 obzet）的真正区别是什么？"我回答不上来。我只好说，我只是近几年才关心客体问题，这个问题太难了。恐怕直到今天，我还搞不清楚这两者的区别在哪里。在那时，我遇到了伊波利特这个摆渡人，遇到了这个哲学领域的组织者，他是一个能够招生的意义上的组织者，是知道如何问正确的问题的组织者，也是能够锻造一个联盟的组织者，即使对于那些后来远离了他的人来说亦是如此。我立即发现了他在向我提问时的那种组织者的作用。

后来，我在巴黎高师上了他的课。他在课堂上讨论费希特。这是在 1957 年。他希望用探索黑格尔的方式来探索费希特。但他感觉到这完全行不通。在几个偶然的场合中，他对我说"他们并不像喜欢黑格尔那样喜欢费希特"，他也把我包含在这个对象化的"他们"的集体中。我记得整个学期伊波利特都在讨论当代的宇宙论，他总是拿着根雪茄——你通常可以看到，无论何时何地，烟雾总是缭绕在他的脑袋周围——通过解释氢和氦的燃烧是如何循环的来展现他那特别的知识体系和鉴别力。在这些激动人心的课程上，一缕蓝烟从伟大的德国自然哲学的传统中升起，你可以看到整个宇宙都被一团火焰所吞噬。尽管如此，我们还是不喜欢费希特。伊波利特很快就放弃了，他最后意识到他那激励我们对费希特感兴趣的计划失败了。我们现在用了"导师"这个词：他是那样的人，即他是在语法上的现在时中对哲学范畴和其他内容上对我们有指导性的关系。他试图从现在释放出被一个哲学家的哲学所开辟的可能性，他很满意他的判断，并认可他实验的结果。他正是现在之人，尤其是当他用哲学史的方式来教导我们进入现在的过去之中。

一个重要的时代来到了，萨特来到了巴黎高师。关于这个故事，在坊间流传的有许多不同的版本，我们让这些版本都流传下去，是因为列维-施特劳斯告诉我们神话是如何形成的。但我也有权利给出我自己的版本：我是高师派去接待萨特的三个学生之一，另外两个人是皮耶尔·维斯特拉丹（Pierre Verstraeten）和伊曼努尔·德雷（Emmanuel Terray）。我们几个讨论和萨特谈些什么。他给予我们极大的勇气。他认识到在他的行动中有一种东西，这为主流制度下的学生带来了一位外来的人物，当然，他和其他人一样，属于巴黎高师，但他的走的道路不是学院派的道路。萨特在中学（lycée）里教书，但他成了逍遥学派式漫步者。这就是伊波利特自己"沉思者"的形象。

那时，萨特正在写作他的巨作《辩证理性批判》。大家记得，萨特这本书的结构是两种运动的交响曲。第一种运动是回归运动，一种"实践集合的概念"，这是一种根本而抽象的运动。第二种运动是进步的运动，即"没有总体的总体化"，这个运动完全在大写历史的理性中重构。很明显，在第二个运动之前，他用非常奇怪的声音（既有鼻音也有瓮音）告诉我们："我可以给你们讲讲埃及……"，我们顿时完全无语了。我们要求他回到他的实践集合的问题上来。萨特到来的地方，正是我们今天纪念伊波利特的这个报告厅（Salles des Actes），在那个特别的场合，他和梅洛-庞蒂合好了。萨特像被一个幽灵施法了似的，他和梅洛-庞蒂已经近十年没有来往了。在演讲后，伊波利特像往常一样，非常轻松地以他的方式作为一个和解人，邀请所有人去喝咖啡——有萨特、梅洛-庞蒂、康吉莱姆、维斯特拉丹、德雷和我。那是一个欢乐的时光，大家开怀畅饮，没有像往常一样发生争执。

还有另一件事。1959 年，我完成了我的第一部著作《宏篇》（Almagestes，1964 年出版）①，而伊波利特正是这本书的第一个读者。他问我在干什么，我回答说我在写小说。"给我看一下吧，"他跟我说。于是我就拿给了他。你们知道，因为他经常喜欢窜到哲学的"外部"去，因此他

---

① Almageste 是阿拉伯语中的词汇，意思为"伟大之书"，这里意译为《宏篇》。——中译注

对文学也非常感兴趣。他是小说的鉴赏行家，无论是旧小说还是新小说，他都很在行。

他也非常喜欢诗歌，当他年轻时上关于克罗代尔（Claudel）的课程，引用了瓦莱里（Valéry）的一大段诗歌。他对我的作品非常宽宥，但他还说："巴迪欧先生，我想你往你的角色口里塞了我的一些话。"那是在一场与学生的讨论中……那一课是讨论为什么说古希腊神庙的选址是非常巧妙恰当的。他太对了！我给他的讲课挑毛病，完全没有意识到我当时在干什么。他刚从希腊回来，在之前的一次谈话中他告诉我："我弄懂了他们的神庙"，随后便发表了一大堆关于那些神庙的鲜亮的辩证言辞，我把这些言辞全部用到我的角色中去了。你们可以想象一下当时的情形！他非常细心地阅读了我的作品，这是有点自恋式的细心。对于那些关于古希腊神庙的几行字，不过是我浩瀚的原著手稿中的不显眼的小细节，他却立即发现了那几行字，并友好地提醒我这正是他的东西。

他是一个神奇的读者。有许多关于他的传记，甚至谣传都说他不睡觉，有人说他睡觉绝不会超过三个小时。他总是读书、思考、随手涂画点什么……当他要上课时，他经常说他对这个问题想了一整晚。他拿出一大堆笔记本，告诉我们他备课备了好几个小时。随后，他看也不看那些笔记本，便开始讲些别的东西。

他那些即兴讲座的魅力来自他一直在无眠之夜里对黑

格尔的苦读。他没有怎么看哲学史，但他对黑格尔的研究，让他可以在那些即兴场合总是有话可说。

举个例子，他的一个朋友——也是我的——迪娜·德雷弗斯（Dinah Dreyfus），她是一个教育巡视员，她在海牙的一个大学里举办了一个展览，展示了几个她创作和导演的电影。我（当时我非常年轻）在他们中间谈论当时的一些大哲学家，当然也包括伊波利特。伊波利特和我坐火车去海牙，随身带了几卷电影拷贝。他非常累，累得他差点误了火车，他跑来上火车时已经是上气不接下气，因为在我们必须跑着赶上我们那节呼呼冒汽的车厢。他在海牙讲了一场关于柏格森的讲座。他准备得非常仓促，在天马行空地扯东扯西之后，他才回到了柏格森的主题上来，在结尾部分他还插入了一个侦探故事。后来，在我简要的介绍后，我们开始放电影。所有的电影都是法语的，巴达维亚的学生一句话都听不懂。这是法国帝国主义时期的片子，片子有点老旧，幸好没有放得磕磕巴巴的。后来，我们去了第一艺术博物馆。在那里，我看到伊波利特，那位伟大的即兴演说家，正在沉浸于他对大洋洲雕塑的思辨的沉思中。沉思完了后，他给我讲了一通关于这些雕塑的奢华的理论。他又黑格尔附身了，他最后说："他们在那儿，仿佛一个人同时展现出一张拒绝义献礼的脸。"我经常想知道他到底怎样看待列维纳斯的。但我从来没有问过他。在所有的展品前，他都想告诉我——他唯一的听众："那是大洋洲的雕塑家在历史上一个特定的点上的创造,在今天向我们展现出来的东西。"

关键在于,他和历史的关系,也正是他与现在的关系。当戴高乐在1958年重新掌权后,我与他讨论了很长时间。按照他的说法,这是波拿巴式的政变,有着军队的支持,有着神灵庇佑,有着商业环境的安全保障,有着公众支持的假象,有着满口国家的修辞,等等。他跟我说:"就像拿破仑三世一样,只不过方式不同而已。拿破仑三世开创了一个集权帝国,并走向了自由主义的大道,戴高乐起步于自由主义,最终却缔造了一个集权帝国。"这一次,他错了。戴高乐像拿破仑三世,最终是被德斯坦的自由主义所吞噬。这里的问题在于,伊波利特引述的历史模式,这种模式有点像大写观念。他践行了一种相当系统化的历史比较方法,仿佛历史毋宁是他的一种范例的资源。同样,他是一个即兴演讲家,我想他具有某种历史柏拉图主义的精神。我的意思是说,他用大写历史来生产出大写观念的图景,而不是关心历史的序列、发展和未来。

像所有法国哲学家一样,他喜欢政治,尤其喜欢和朋友或者敌人谈论政治。在阿尔及利亚战争期间,我们喜欢从一种更深刻的意义上,而不是从单纯管理的意义上来强调这位大学的校长。他坚决反对战争。他经常引述孟戴斯-弗朗斯(Mendès-France)的形象。不过与他所参考的政治人物的形象不同,他希望巴黎高师能够在塑造公众观念上扮演重要的角色。他认为高师作为制度的一员有可能去干预这场战争，让这场战争最后能够走向谈判和和平。因此，他有一个对制度的干预主义的概念。我非常仰慕这种至高的黑格尔主义，这种黑格尔主义认为制度的命运不是一成不变的，而是它可以集中于历史观念本身。两个很重要的场合中，我均涉及该词的这个含义。

伊波利特从一开始就让我相信，为了加强巴黎高师的象征地位，就必须终结在高师乌尔姆分部和圣卡劳德路分部长期以来的古老分歧。为什么这个分歧是"古老的"？因为很明显，在那是，乌尔姆分部是为上层精英服务的，而圣克劳德分部或多或少是为工人阶级精英服务的。伊波利特并不打算改变学校体制屈从于社会阶级现实的状况，而是想让知识精英团结在一个学校体制之下，无论其背景如何。因此，他要我组织一次宣传活动，来宣传两个分部的合并。那个宣传没有搞多久：一些老生四处游说，我们看到他们贴出的大海报，里面说合并如果不是共和国的终结的话，也意味着巴黎高师的终结。伊波利特和我都非常伤心。在那次不愉快的尝试四十年之后，另一位巴黎高师的校长，加布里埃尔·鲁热（Gabriel Ruget）用更加温和的方式达到了这个目的，将乌尔姆分部和圣克劳德分部合二为一。这件事就说到这里。

伊波利特希望我以整体的名义来控诉阿尔及利亚战争。我们采用了起诉的形式，起诉是由高师发起的，高师有许多持不同政见的人，我们将这些人聚集起来，并建立了一个论坛专门讨论阿尔及利亚。我再一次成为我们校长的追随者，我为这些讨论做了记录，里面充斥着各种不同的人的各色各样的陈述，它们中许多都言辞谨慎。这个活动没有进行下去。不过这些都证明了伊波利特成了一个学校的行政负责人，就像他希望的那样。

这意味着他会不惜一切代价进行调节两个分部吗？我发现他也有暴力倾向。当我按照学生准备集会的要求邀请德勒兹前来，他刚刚在巴黎大学讲了一场关于卢梭的《新爱洛伊丝》的精彩演讲，他到我们学校来讲普鲁斯特，伊波利特回应道："不可能，我不喜欢那个家伙。"他的话带着一丝冷冰冰的寒意，这让我们在一旁无言以对。是什么让这个人，有时如此刚烈，有时又如此和蔼？他如此极端地排斥德勒兹，看起来好像有一道施加在他身上的诅咒？我无法找到原因。在另一个场合中，我们看到伊波利特非常草率地结束了关于某个事情的结论，不过在他看来，这个结论是干净简练的。还有一些关于他的其他评判，那些评判都带着与他的那个作用紧密相关的神秘。

我讲一个更令人忧伤的记忆。直到1968年的"五月风暴"时，我才又一次见到伊波利特。他给我留下深刻影响，他很担心也很高兴卷入了一场活生生的历史之中。这正是他那黑格尔式的对当代的挚爱。他为重开被关闭并围满警察的巴黎一大而斗争。他直接介入其中，完全不像某些人，例如我，聚集在左翼那黎明般兴起的旗帜之下，这是因为他相信事物应该留给它们自己来讲述。如果世界精神在同警察的冲突中有用的话，我们就没有必要去阻碍它。他的评述一如既往的犀利，但我也感觉到他的状况不太好。我想他太累了，太过操心了。在那一刻，他问我："你曾经想过死亡没有，巴迪欧先生？"这显得非常唐突，因为他的问题完全与他对 1968 年的事件的评述没有丝毫关系。我说："没有。"他跟我说："你不想是对的。"我们已经离开了黑格尔，走向斯宾诺莎。几个月之后，我突然听到他去世的噩耗，我告诉自己，他是那种倾向于将忧伤包藏在内心之中的人，而他自己时时刻刻都体会到这种忧伤。他也是建立起对现在之爱的人，他的知识的力量拥有一种无法用语言表达出来的特别能量。此后，无疑他的传记开始大写特写他的失眠和到处抽烟弄得烟雾缭绕。

　　从根本上说，他是一个人，一个哲学家，他竭尽全力压抑了自己的沮丧，并给予了我们大量的财富。有某种东西阻止了他构建他所能构建的概念王国。他的公共角色（也是一个无限慈爱的角色）很明显不能让他实现他的抱负。但还有一些更为隐蔽和神秘的因素，遮蔽了他同精神分析的紧张关系。在拉康的课堂上，他给予弗洛伊德的关于否定的伟大文本以高度和特殊的评价。那是因为他自己那里有一种隐蔽的否定性，一种原生性的"不"，但我对之知之甚少，而这种否定性迄今仍然发挥着作用。

我们知道，伊波利特是伟大的，但我们也知道，他的著作根本无助于评价他的地位。我想他知道，那正是他为何问我，我是否想过死亡的原因。我们将会永远去思考逝去的他。

注释：

这个文本是在一本由当代法国哲学国际研究中心（CIEPFC, Centre internationale d'étude de la philosophie français contemporaine）组织编写的纪念伊波利特的纪念文集〔文集的名字是《让·伊波利特：在结构和存在之间》（Jean Hyppolite：entre structure et existence）〕中的手稿。对伊波利特的纪念仪式于 2006 年 5 月 27 日在巴黎高师举行，主持人是比安科（Bianco）和沃姆斯（Worms）。

路易·阿尔都塞（Louis Althusser，1918—1990）

对于阿尔都塞而言，思想问题必然要面对战斗，前线和各种力量之间的制衡。在巴黎高师乌尔姆分部的寂寞让他没有时间妥协或退缩。他唯一的时间就是要去干预，但他的时间太有限了，他的时间一直都不稳定，而且总是匆匆即过，也就是说，他的时间总是走向不可避免的悬崖边上。但对于他来说，另一种时间却是无限的，不过那个时间，唉，是他痛苦的时间。

因为这关系到必须要采取的行动，对于这样的行动而言，时间总是不够的。在阿尔都塞思想的自我印象中，他往往使用战斗范畴，如前进和撤退，获得领土、大决战、战略和战术。

我们不得不通过这样的问题开始，即根据阿尔都塞的看法，在理论干预的方式中，在思想的战略运动中，哲学的地位是什么？

它有一个重要的地位。最清晰的证据或许就是在阿尔都塞那里，无产阶级在历史上的巨大失败的根源并不在于各种力量之间的粗陋的平衡，而是在于理论上的脱节。也就是说，他所关心的哲学具有强大的指导作用，这有两个含义。首先，必须解释政治上的失败，不能从对手的强大来解释，而是要从我们自己的计划的羸弱来解释。不需要太多谈及内在性的规则。其次，在后一种分析中，这种羸弱通常是一种知识性的羸弱。因此，政治被视为一种知识性的形象，而不是作为各种力量的客观性逻辑。我们只能赞同主体性独立的规则。

不过，必须另外指出，对于阿尔都塞来说，理论在政治上的背离在后一种分析中是哲学的背离。在《列宁与哲学》中，当他给出了一系列范畴，借助这些范畴，从理论上思考了各种背离——如经济主义、发展主义、唯意志论、人道主义、经验主义、教条主义等——他说道："基本上，这些背离都是哲学背离，从恩格斯和列宁开始，那伟大的工人领袖就开始批判它们。"

因此，对于阿尔都塞而言，哲学是一种知识位置，它决定了给革命政治的成败命名的能力，如果这并非是哲学本身的成败的话。哲学是一种赋予其政治替身（avatar）名字的内在性行动。

于是，阿尔都塞的战略，在任何情况下，都要决策哲学行动，在这种哲学行动中，它具有一种命名的空间来描绘出当代，或后斯大林主义的革命政治的危机。那就是他从 20 世纪 60 年代之后，试图通过界定他那时所谓的"马克思的哲学"时所想做的事情。在《读〈资本论〉》的序言中，正如其标题一样，它有一个目标、一个方向，哲学只是其理想的点。这个序言标题就是"从《资本论》到马克思的哲学"。

如今，非常偶然，这种战略方向遇到了巨大的障碍，这些障碍如同磐石般的围绕着哲学的概念。早在1966年，我们就看到在其中心有一个转变，一个自我批评，起初是潜伏的，后来变得清晰。阿尔都塞起初认为在某种意义上哲学的自律是预先给定的，将哲学隶从于逐渐严格的条件，为的是那些命名的点将会最终正好被那些用来命名的事物所规定。我们将会看到，其结果是，阿尔都塞的作品给我们留下的最大的谜题：即在哲学和政治之间有一种玄妙莫测的关系。

在1965年，阿尔都塞试图，用他的话说，"像哲学家一样读《资本论》"。这种阅读是相对于另两种阅读而言的，即经济学家的阅读和历史学家的阅读。应注意到，在这里，对《资本论》的政治性的解读是没有问题的。那么在他的哲学的解读中包含什么呢？他告诉我们，像哲学家一样阅读，就是"质疑一个特殊话语的特殊客体，以及这种话语及其客体之间的特殊关系"。这里所使用的范畴——话语，客体——非常近似于福柯所使用的概念，阿尔都塞在《读〈资本论〉》中也偶尔受惠于福柯。通过对话语和客体的范畴的沉思，他提出"《资本论》是历史科学的绝对开端"。

不过，随着其论述的进一步展开，其对象的界定越来越宽泛。哲学，或者更具体地讲，马克思的哲学，或马克思之后的哲学，似乎在一种古典的传统中提供了一个思想的原则。即在实质上，用"通过知识对象，让认知的**机制**更贴近于本真对象的问题"来取代"对知识可能性的**保障**的意识形态问题"。

在这一点上，需要给予两个说明：

（1）对于阿尔都塞而言，哲学仍然存在于知识理论的范围之内。它像这样来思考知识的后果。

（2）马克思的哲学与一般哲学（可以说，这些哲学是由意识形态所支配的）中的差异是，马克思的哲学不是对真理的承诺，而是知识生产的机制。阿尔都塞从一开始就唤醒了斯宾诺莎式的思考，他认为马克思的哲学断裂可以概括为将我们从知识可能性的问题式（problématique）转换成真正知识进程的问题式。哲学的存在涉及一种独特的真：即知识之真。事实上，认为那里有一种像知识一样的某物，那就是不包含决定哲学存在的根源的"那里有"（il y a），这个"那里有"与斯宾诺莎推断我们有一个真观念是同一个意思。严格来说，它意味着如果我们没有一个真观念，我们既不能找到，也不能进入哲学之中。

在这个基础上，很明显，按阿尔都塞的理解，哲学和科学存在于同一个平面之上。正如阿尔都塞所说，知识的科学和理论实践的理论同样是实在的。

这是一种什么样的实践？

阿尔都塞对历史存在的梗概性描述框架建立在多

(multiple)的基础上,这是一个非常重要的洞见。这不能还原和简化的多就是那种实践。我们可以说,"多"是实践的名字。或者说一旦我开始在多所展开的秩序中进行思考,这会是我称呼一个情势(situation)的名字(nom)。要认识到,实践的优先性准确来说认可了"所有的社会存在都是不同的实践的位(site)"。它们可以完全不从本质的符号,即大写的"一"(Un)的符号来理解社会存在。我喜欢列举阿尔都塞,列举中国政治。这些列举就是我们紧紧抓住多和异质性的证据。像在1965年一样,对实践的列举是具有教导性的:经济实践、政治实践、意识形态实践、技术实践,最终还有阿尔都塞说的科学实践,这些都加到了一个括弧下,它们都被命名为"理论实践",似乎对于这些实践没有其他更好的名字,或者更响亮的同义词来概括它。

  科学(或理论):这里的括弧是无辜的,它的作用是将"理论"和"科学"摆在一起,这个互镜,临时性强调了将两个分开的东西统一起来,这正是阿尔都塞后来举步维艰的根源。为何这个括弧中放进了理论,与科学摆在一起,而不直接是哲学?真正的问题在于哲学是否需要一个括弧,或者同样可以说哲学是否总是在括弧之内。阿尔都塞毕生都致力于重新强调哲学,将其从括弧中挪出来,但在括弧中留下的空白却永远无法抹去。更进一步说,阿尔都塞表面上强调"理论"(另一个在括弧中的词)赋予我们多元性:"科学或理论实践本身就可以分解成不同的分支(不同的科学、数学、哲学)。"这样,有三个分支。要注意到,他对数学和科学是在相当狭义的意义上来区分的,数学寓居于科学和哲学的理论裂缝之中。阿尔都塞一点也不怀疑,数学和哲学代表着他所谓的"理论,在'最纯粹'的形式中"。请注意,这个句中的引号和纯粹的假象。

当阿尔都塞后来将形式主义谴责为一种典型的哲学中的现代背离时,数学和哲学之间的亲缘关系成了一种悖论性的关系。他经常批判我,因为他叫我"毕达哥拉斯主义者",他认为我在我的哲学论述中添加了过多的数学因素。当弟子过于愚钝,师父就会经常责令时,我会让事情变得对我来说更糟糕。1965年,这个亲缘关系隐喻着这样一个事实,即括弧中的哲学,对阿尔都塞来说,是一个与科学在本质上同质的知识,尽管在形式上,哲学和纯粹数学一样,其真正的对象是不在场的。

我们知道,阿尔都塞后来对建立在这种所谓的"理论家"的背离基础上的整个理论大厦做了一个自我批评。在1965年,这是否意味着根本没有什么东西会成为他所认为的哲学的特殊对象?在我看来,绝不是这样。后来他晚期发展的根子(完全不同于他做的自我批评),事实上埋藏在他的1965年书的序言中。从一开始,阿尔都塞综合了在《保卫马克思》中的论断,回到了马克思的这样一个根本姿态,即在单一的断裂中创造两个事物,而不是一个事物。

马克思创造了一种新科学——历史科学——和一种新哲学——辩证唯物主义。但在马克思的思想断裂中，这两者的关系又是什么？阿尔都塞这样来描述："如果马克思没有发现历史理论，没有在意识形态和科学之间做出历史性区分的哲学的话，马克思就不可能成为马克思。"这就是阿尔都塞晚期所有问题的根源所在。因为对于阿尔都塞来说，哲学不是一种积极的理论实践的理论，相反，哲学看起来像一个区分、分离和划界。整个马克思的哲学就是建立一些范畴，借助这些范畴，我们可以明确区分科学和意识形态。阿尔都塞已经无情地借用了一个列宁的表达来定义哲学，即哲学就是在理论之中进行划界区分的能力。与其说这是一个理论的区分，不如说它是一个切割，一个决裂。与其说它是一个理论原则，不如说是一个干预。

但在这个种子发芽之前，在他成功地将哲学挪植到理论的名目之外，或者超出理论的括弧的疆界之前，阿尔都塞还必须进行一个非常复杂的工作来影响哲学的观念，更多地影响其假定的自主性。

如今，在本质上，他的计划是要将哲学从理论的括弧中驱逐出去，这也意味着：不再将哲学看作一种知识理论，同样，永远不再将其看作是知识史。哲学既不是科学理论，也不是科学史。从全盘来考虑，它是一个实践，但是是反历史的实践。这种将实践的使命和一种永恒性的趋势结合起来的混合体可能永远也不会稳固，但这至少告诉我们：

阿尔都塞整个思想的发展都是在祛除哲学的认识论色彩。在这个意义上，他没有继续像诸多宣言和评论那样——包括他自己的，他准备摧毁法国学院派哲学得以建立的认识论和历史化传统的根基。

在涉及哲学概念的地方，阿尔都塞的主要战术手段是抽空、压制和否定。在他所谓的理论版本中，以往的哲学是由其对象领域所定义的，换句话说，哲学是由其研究的理论实践的机制所决定的。如果哲学不是理论实践的理论，那么是什么新的对象来界定哲学的？阿尔都塞在这个问题上的回答极为激进。他的回答是：什么也没有。哲学没有真正的对象。它根本不思考对象。

这里立即体现出来的含义是，哲学没有历史，因为所有的历史都是被其过程的客观性所界定的。当哲学与任何真实的对象没有丝毫关联时，严格来说，哲学就是这样一个领域，什么也不会在其中发生。

阿尔都塞的虚无或者说空的集合，在我看来是其中的关键所在。哲学的范畴从一开始就是空的，因为其无法指定它所能理论化的本真。这种空并非存在的空，对于存在的空来说，其无限展开可以通过数学来研究。这种空只是一种积极的对立面，即行动的空，操作的空。哲学范畴是空的，是由于哲学的唯一功能包含在建基于并走向实践的操作中，实践已经是既定的，它处置了本真的原始材料，它也能在历史的术语中找到自身的位置。这并不是说，哲学并非一种适合于独特对象的认知，而是说，相反，哲学是一种思想—行动，借助操作上的裂缝，其范畴通过操作上的裂缝和缝隙发挥作用，这些裂缝与缝隙让它可以理解其对象，让这些对象成为真正的对象。

那种哲学是行动秩序的哲学，也是干预的哲学。这一点也可以从形式上来解读，哲学必须通过这些问题来前进。关键在于肯定，而不是评述和恰如其分的认知。在阿尔都塞1967年的演讲《哲学和科学家的自发性哲学》（这个演讲在1974年再版）中，他从一开始就宣布："哲学的命题就是这些论题。"他毫不犹豫地认为这些论题都是教条的论题，它们通常都被组织到一个体系之中。论题、教条、体系这三个维度表达出一种极深刻的观念，即所有的哲学都是一种**宣言**。哲学的**实践**作用在于它宣布了哲学被限定在对象绝对的空之中。我们可以看到，这个宣言形式让阿尔都塞在我们所谓的政治性关系中刻画出哲学行动。"宣言"是且必定是一种政治性词汇，无论在何种情形下都是正确的。

在阿尔都塞的整个布局中，这种肯定形式的哲学最伟大之处——即论题的论题——在于它拒绝了任何作为问题或提问的哲学观念。在哲学本身之中，它也远离了所有哲学的解释学观念。这是一个非常危险的遗产。正如我们所知，作为提问和开放的哲学观念通常为宗教的回归铺平了道路。我这里所用的"宗教"描述的是一种公理，按照这种公理，真理通常是意义和用于解释及阐释的事物的阿卡拉之囚（le prisonnier de arcana）。这正是阿尔都塞在哲学概念上的粗野，在这一点上，我们很容易想起尼采。哲学是肯定性和战斗性的，它不是那种粘粘糊糊地取悦于解释的囚徒。用哲学的话说，阿尔都塞主张一种无神论的前设，这和其他人，如拉康一样，拉康所主张的是一种反哲学。那个前设可以用一个句子来表达：真理没有意义。于是，哲学就是一个行动，而不是解释。

阿尔都塞从宣言的角度将这种行动叫作追踪区分线。哲学是分裂、决裂和划界。它是在自己构建起来的趋势（在名字上是唯物主义和唯心主义）的框架中来完成这些断裂的。哲学没有历史，这既是因为从行动角度而言，它只是一个空；又是因为不可能有空或者虚无的历史；还有，其界的行动，或者说画出区分线的行动仅仅是根据其永恒的选项来重复的。对唯物主义物质客观性是优先的，对于唯心主义来说观念和主体是优先的。1967年，阿尔都塞写道："哲学是一个奇特的理论，在那里，什么也不会真正发生，只有虚无不断重复。"后来又加上："准确地说，每一种哲学的干预都是哲学上的虚无，这种虚无的持存是我们建立起来的，因为实际上区分线就是虚无，它甚至不是线或画，而仅仅只是一种被分开的事实，比如说，远距离的空。"但是，在什么样的永恒历史中，哲学的轨迹是通过行动来划界的，这个行动在缺乏对象的情形中建立了自身？

由于哲学没有对象,没有历史,绝不意味着它没有影响。阿尔都塞会说,没有哲学史这回事,但有哲学**中**的历史这回事。"存在一种历史,他取代了对空的轨迹的无限重复,而这种空的轨迹的效果却是真的。"但是,这种真实效果的本真性在什么地方呢?

这种真再一次涉及科学。哲学或许是科学之科学,或者以自身为对象的科学,当然,这是不可能的。阿尔都塞坚决地将一个反实证主义命题推进了一步:"哲学不是科学,哲学与科学不同。哲学范畴不同于科学概念。"因此,很明显,这些范畴都是空。但哲学也有自己同科学的"优先关联"。这种优先关联就是阿尔都塞所谓的"1号节点"(point nodal numéro 1)。这种优先性的本质是什么?

首先,科学的**存在**是哲学存在的前提条件。在其论科学家自发性哲学的讲座的命题 24 讲道:"哲学和科学的关系建立了哲学的特殊规定。"阿尔都塞突然说:"**若没有与科学的关系,也就没有哲学。**"从哲学对科学的关系上看,我们从对象地位——1965 年的表达——转向了前提地位。亦即在我看来,这是一个关键的替换。像阿尔都塞一样,我认为哲学存在和科学存在之间的真正关系,不是一个根本性的对象关系,也不是批判性反思的关系,而是前提关系。

但如果不从认识论角度来理解的话,哲学是如何反映出科学的前提的呢?在划界中,哲学的地位是什么呢?我们正处在一个危险的分水岭上。因为如果划界继续存在,即在阿尔都塞早期的那种科学与意识形态之分继续存在，那就意味着科学和意识形态**返回到成为科学对象的位置**。哲学范畴的空就意味着我们不能提出哲学行动设定了哲学拥有科学的本质性的"知识"。换句话说，如果哲学没有对象，尤其是科学没有其对象，那么刻画了行动的区分线和哲学的效果都无法区分科学与意识形态。他著名的"认识论的断裂"，将科学与意识形态的前历史区分开来，因而不能像这样包含在哲学行动之中。那么，行动的结构会是什么，还有这其中有什么问题呢？

阿尔都塞事实上给予这个关键性的问题两个答案，无论如何，这整个问题都不能自相调和。

第一个对这个问题的回答包含在对哲学和科学的最彻底的断裂中，他试图说明，最终哲学只关涉自身，而它全部的真正的效果都仅仅只是在知识空间中生产出来，这个知识空间完全是其空的范畴建立的。哲学的划界轨迹因此不能再将科学与意识形态区分开来，但阿尔都塞称，他只是将**某一种**科学从意识形态中区分开来。在其论科学家自发性哲学的讲座的命题 20 讲道："哲学的主要功能是在意识形态的意识形态性和科学的科学性之间画出一道区分线。"不过这个命题只能相对于命题 23 才能真正理解，命题 23 说："科学和意识形态的区分内在于哲学。这是哲学介入的结果。哲学与这个结果不可分割，正是这个结果建立了哲学效果。哲学效果不同于科学产生的知识效果。"这是非常激进的内在性命题。哲学并不在自身之中刻画出同本真的任何关系，本真是通过科学和实践的意识形态成为历史的。哲学行动是在哲学自身，而不是在其外，区分了科学与意识形态的划界的创造。

"创造"问题，在我看来，是抽空了对象的不可避免的结果。当以科学为前提条件的哲学明显还能处理本真，而它却不能容忍其没有特殊创造和没有其存在条件的内在性命名的前提条件。哲学并不思考科学，但它却为科学性创造和道出它的名字。于是，它划界的效果内在于哲学本身，因而其本身也发生了改变。但这非常偶然，因为哲学寓居于实践的一般范围之内，其内在的改变会产生外在的效果。这种内在的概念及其内在效果会在非哲学实践中（包括科学）有一个因果关系的结果。正如阿尔都塞所说："只有在其**自身中**产生结果时，哲学才会介入现实。它对于**外在于自身**的作用是通过在其**自身之中**的生产来实现的。"内在性与创造的双重主题是一致的，它们将划线的哲学行为内在化，但其付出的代价也很明显：哲学外在于自身的效果，即它对现实的效果，对于哲学本身而言完全是模糊不清的。尤其是哲学不可能衡量和思考它自己对科学或意识形态的效果，因为哲学对科学和意识形态衡量和思考是哲学已经如此这般地概括了它们。内在性的规则导致其不可能实现。哲学，创造了科学和意识形态的范畴，绝对无法思考它的划界对于科学和意识形态的真实效果。因此，哲学是被决定的，也是有条件的，其条件就是其本真的实践，在某种程度上，亦即其施加在那些实践上的效果，用其自己的话来说，仅仅是一个空的假设。在哲学问题中所不可能思考的东西正是其施加在那些前提条件上的本真的、命名性的效果。正是在这个极为深刻的意义上，科学是哲学的前提条件。这并不是因为阿尔都塞有时会谈到的因果关系——阿尔都塞在这个问题上有些草率，正如他在理论范围内宣称哲学本身在本质上是阶级斗争的效果和科学实践的效果相互交织的产物一样。但在这个意义上，哲学看不到其对科学的真实影响，更重要的是，它看不到本真。

不过，在阿尔都塞看来，哲学这种先天性的盲点，以及它无法思考本真，这些东西在另一个不同层次上构成了哲学的障碍，他认为认识到这一点极其重要。这里的另一个层级即马克思主义，或马列主义哲学的独特性的层次。或者说，这个层次是由马克思、列宁和毛泽东开启的哲学上的断裂。毫无疑问，对于阿尔都塞来说，这个断裂意味着，即便是不完全是刻意的，马克思及其后继者的哲学与以前的哲学家有着根本性的区别，这也不同于我们今天的唯心主义哲学，因为马克思的哲学将哲学的前提条件和效果的体系给予内在化了。这样，阿尔都塞接受了这样一个自明的旧观念，即严格意义上的哲学的内在信条将会是现实变革的序幕。在1968年4月——记住这个日子，阿尔都塞提出马列主义哲学革命蕴含在对唯心主义哲学概念的拒绝之中（作为"解释世界"的哲学）——这些哲学，就像其往常一样，否认哲学表达了一种阶级立场——他在无产阶级立场上，换句话说，在唯物主义立场上，马克思等人建立了一种新的、唯物主义的哲学革命实践，这种哲学革命导致了在理论上的阶级划分。因此，马列主义哲学是唯一不否认哲学存在的阶级政治的前提条件的哲学，它所引入的阶级划分的影像，不仅在于其自身之中，而且在所有的理论领域都产生了巨大影响。不可否认，这是一种同其前提条件和效果都有着千丝万缕关系（启蒙或被启蒙的关系）的哲学。这是这样一种哲学，它修复了唯心主义否定实践所产生的缺口，因此，这种哲学不再因其内在信条而目空一切（看不到真实）。因此，这种哲学的本真点（le point du réel），或者说不可能之点（la pointe de la impossibilité）与其他哲学是截然不同的。

不过这里的问题是，阿尔都塞在这里大量引入了阶级斗争，他在这里对概念研究的线索是完全不同的。他提出哲学没有对象，因此他对科学和意识形态之间的划分在术语上也极为不同。

大体上，他的不同之处可以归结为：哲学不仅被存在的科学条件所决定，而且也被存在的政治条件所决定。我们不仅有节点 1，也有节点 2，或者说还有哲学同政治的关系。于是，阿尔都塞又提出："所有事物都包含在双重关系之中。"因此，这个命题变成了这样：哲学没有对象，也没有历史，它既不思考科学，也不思考阶级斗争和政治，甚至不思考两者之间的关系。哲学表达了①政治中的科学或者科学中的政治。在这里，阿尔都塞所说的话给人一种迷雾重重，摸不着头脑的感觉：

> 哲学是一种政治的延续，在这个方面，哲学直面某种现实。哲学表达了理论维度中的政治，或者更准确地说：连同科学的政治——反之亦然，哲学通过参加阶级斗争的阶级，表达了政治中的科学性……哲学作为介于这两种主要情形之间的第三情形，将自身构建为一种情形：阶级斗争和科学。

我们怎么理解这段文字？我们首先看到，哲学空间和思想一样，在某种意义上，它是由其存在前提条件之间的裂缝所开启的，即科学与政治之间的裂缝。这样，我们才真正从我刚才提到的括弧中脱颖而出，那个括弧在理论之下既囊括哲学，也囊括了科学。将哲学从括弧中释放出来的操作者是在阶级斗争名义下的政治。这让哲学可以靠近那种让其刚刚存在的前提条件共存的操作，这就是我自己的界定。哲学没有将科学和政治看作是对象，而是在政治命令和科学公式之间进行循环。哲学及其范畴的空，所依

---

① représenté，这是阿尔都塞的用语，也可以理解为再现——中译注。

靠的是更早先的空，或者说第一次对异质性真理实践分裂的介入。所以，这种内在性的哲学效果，如在科学和意识形态之间画一道区分线，依赖于一个阶级。命令所采用的是（阶级）**立场**的形式。哲学行动就是一部宣言，但这个宣言证明或者说表达出来的是一种立场。因此，我们可以认为，哲学行动内在于其外在于自身的效果之中，它总是可以在政治立场的术语中找到其位置。由于这些前提的双重性，我们有一个极为复杂的后果：**一种被情势化的内在性**（une située immanence）。

我们应说，阿尔都塞这里玩的蒙太奇非常近似于连环套。

首先，阿尔都塞这里用来调解的"双重关系"——即哲学与科学之间，哲学与政治之间——并没有真正设定好其范畴，无疑，我们必须宽容他特殊的环境以及他没有解决问题这一事实。很明显，阿尔都塞严重依赖于源于辩证唯心主义的主题，诸如一方面他依赖于表达，另一方面他依赖于中介或"第三"方面。他这样做并非正常。

在我看来，这些范畴所设定的是存在于哲学及其真理前提之间**歪曲**的关系。至少，有两种前提是歪曲了：一个是解放政治，另一个是科学。试想一下，那种关系只能在哲学之中进行处理，正如哲学行动最终就是**那个歪曲本身**。哲学——即阿尔都塞所冀望的哲学——陈述或宣告了存在真理，但真理的能力在于去说出其前提条件就是它们的存在。哲学的歪曲存在于，在大写真理之名之下，或其他类似的名字之下构建出来空的空间。在这个空的空间中，在其所宣称的存在形式下，而不是在其过程中的本真的形式之下，可以理解某些真理。宣称"存在"（il y a）真理有两个意思：一是其本真的过程是哲学存在的前提；二是哲学对其的理解又宣告了其存在。

当阿尔都塞宣布哲学在理论形式中，从政治上进行了干预，并干预了科学实践时，他已经非常接近这种情形了。所有这些干预的维度都属于哲学，在某种意义上，哲学是其自身将两种实践结合起来的产物。因此，你们可以看到，哲学的显著特征是其干预的领域正是构成其前提条件的东西。于是，发生了歪曲。

不过，阿尔都塞进一步引入了第二种歪曲将问题复杂化了，这第二种歪曲很明显就是他提出的哲学要政治干预。在他看来，政治不仅仅是哲学的真理前提，它也构建了哲学行动的本质。在对后者的分析中，作为科学与政治之间表达和中介的哲学干预完全成了一种政治形式。第二个歪曲的出现是因为哲学的存在前提条件之一就是政治或阶级斗争，这些东西也描述了我们可以称呼哲学行动的存在的东西。

我们会记得，我们在1968年前后的一些情形。哲学基本上是政治性的正是那个时代的主题之一。因此，更有趣的是，当回溯到那些令人难堪的压力，尤其是我们清楚地记得，如同西尔文·拉撒路（Sylvain Lazarus）指出的政治和哲学的融合，不可避免地与大写国家的统治的阐释有关，这基本上是斯大林主义的观念。

阿尔都塞如今处在钟摆弧的极点上。在1965年，我们记得，哲学与科学存在于同一个平面上。1968年，这正是阶级斗争的景象，用他的话来说，这是理论中的阶级斗争。列宁在1914—1915年读黑格尔，在阿尔都塞看来，是一个学识问题。这就是哲学，或者说，因为哲学是理论中的政治，所以哲学就是政治。

这里必须要说明的是，在哲学的存在条件的对称的两极之间存在一个根本性的断裂。在这里，政治在这个我们称之为哲学的思想行动的双重扭曲体系中，具有了优先地位。它之所以具有优先地位是由于政治远离了其前提的状态，因而它穿透了行动的决定。

我把在这个两极之间的断裂，以及哲学两个前提中的一个具有了决定性的优先地位称为一种**缝合**（suture）。当哲学的存在前提条件之一被指定具有并宣称自己具有哲学行动的决定权时，哲学就被缝合了。例如，当阿尔都塞说哲学以一种理论形式在两个方面进行了干预：政治实践和科学实践，这两个方面都属于哲学，在某种意义上，哲学本身就是这两种实践结合的产物时，他就将哲学和政治缝合在一起。说真的，就在几年之前，他才在理论的括弧内将哲学同科学缝合在一起。阿尔都塞的创造性发展源于这种缝合的替代，但这种缝合最终没有成功地让哲学行动像这样在自己的内在性中解放出来，正如我指出的那样，尽管他比其他人更多地宣称其严格性，也是如此。唯一可以解放哲学的可能在于，去掉限制哲学的括弧，在哲学同科学相遇时，哲学又遭遇了另一个括弧，而这个括弧让哲学变成政治性的一个类属。毫无疑问，那是在括弧之间留下的一个空白的位，而那个遗留空白的形式总吸引着我们去将其缝合起来。阿尔都塞很快，也很暴力地替代了这个缝合，而阿尔都塞的哲学概念却纹丝未动，当哲学寓居于其中的空位时，在某种意义上，哲学受到了它的存在的描述性的前提条件之一的威胁。缝合的问题在于它让我们很难再找出它们之间的边界：哲学及其具有优先地位的前提之间的边界。

用哲学的话来说，缝合让哲学行动像其真理一样，具有了一种独特的决定性，它完成了并因此摧毁了范畴上的空，没有了空，哲学就不可能是思想的场域（lieu）。用阿尔都塞的术语，我们可以说，当哲学与政治缝合起来，哲学事实上找到了一个新对象，虽然他到处解释（也解释得非常严密）说哲学没有对象。在前面我所引述的段落中，他后来说哲学从政治上介入了政治实践和科学实践。但我们从阿尔都塞那里得知，这是不可能的。因为哲学的结果严格来说是内在的，其行动只有在从实践上内在于这些前提条件中才是可能的。

用政治的话来说，缝合祛除了真理过程的独特性。为了能够宣称哲学是一个政治性的干预，我们必须具有更多的一般性，以及政治的模糊概念。事实上，我们必须用西尔文·拉撒路所谓的政治的历史模式的极为稀少的序列性存在来取而代之。这样，我们有了一个政治视野，这个视野对于哲学主题是多孔（alvéonaire）①的。在阿尔都塞的安排中，很明显，政治实践被简单地等同于阶级斗争。无论是马克思，还是列宁，都没有说过，阶级斗争**完全**可以等同于政治实践。阶级斗争是一个大写历史和大写国家的范畴，它只是在非常特殊的情形下才会成为政治的原始材料。当阶级斗争被用来作为哲学和政治之间缝合的支撑时，它就变成了一个诞生于其中的纯粹的哲学范畴，或者说，一个范畴上为空的名字。于是，这展现了哲学内在性是如何向政治复仇的。

不过当阿尔都塞重复说哲学是"理论形式中"的政治性干预，我认为在这里出现了一个最大的困难。形式原则的地位是什么？这个原则似乎让"哲学性干预"区别于政治的"其他形式"的干预。而那些"其他形式"的干预又是什么？难道我们应该得出结论，有一种政治的"理论形式"，而那种形式就是哲学，而且它的"实践形式"是什么？法共吗？还是那些造反的人的自发运动？还是国家的运动？这个区别是站不住脚的。解放政治在现实中是彻头

---

① 这个词德勒兹也用过，多孔的形容哲学可以从多条路径介入政治中，反之亦然——中译注。

彻尾的思想之场域。了解实践和理论之分是没有意义的。解放政治的过程，像所有的真理过程一样，是一种思想过程，它发生在前提条件下，这些前提条件是事件性的（événementielles），它们是某种情势状态（l'état de la situation）中的元素。

基本上，阿尔都塞没有认识到（在我看来，我们在1968年到20世纪80年代初之间也没有认识到），所有的哲学存在的前提条件，用学术语言来说，是内在于其中的。有一条法则，阿尔都塞有时会注意到，有时会忘了：唯有当我们思考作为其前提的所有的真理程序的内在性，尤其是——西尔文·拉撒路强调的——政治的内在性时，我们才能思考哲学的结果和效果的内在性。

阿尔都塞概括到，如果没有发展变化，我们几乎需要用所有东西来让哲学从其经院式喃喃自语及其死亡的沉闷的观念中解放出来。如所有对象的匮乏和空，范畴的创造，宣言和命题，前提条件的引入，效果的内在性，系统理性，歪曲……所有还残留着有点价值的东西，都写在他的著作中。这里的悖论是，他是在两个彼此相互对立的连续性逻辑框架中创造出这种安排的，因为这两个逻辑框架是缝合的逻辑。但至少，这个悖论告诫我们政治逃脱不了理论的五指山，就像美学和伦理学一样。我们必须揭开阿尔都塞的缝合，让他创造的普遍意义脱离开来。所用的方法我可以总结为几个原理。我在这里列举四个：

(1) 将这些前提条件加以拓展，让其包含所有产生优先于个别事件存在的不同真理的知性空间，除了科学和政治之外，还包括艺术和爱的降临。

(2) 不要将这些前提条件，如科学、政治、艺术和爱，看成知识和经验的安排（dispositif），而是真理的生产。不要将它们看成弥散的体制，而是要看成忠实于事件的方式。阿尔都塞拒绝真理的范畴，他认为这些范畴是唯心主义的。他将知识等同于真理。事实上，这是他著作中的法国认识论传统的残余，而这恰是他要摧毁的东西。这也是为什么这个在他的时代稳固地定位于事件性前景的思想家不可能像这样用哲学来思考事件的原因。

(3) 提出哲学行动既不在于表达形式，也不在于中介。那个行动是一种捕捉（saisie），因此它带来了突然的颤栗（saisissement）。那个行动告诫我们（nous saisit de ce que）真理存在①。

---

① 这里很难翻译，巴迪欧在这里连续用了三个同词根的词，saisie saisissement, saisir（文中的 saisit 是 saisir 的变位形式，当然，这种注脚是给不懂法语的人看的），前两个是名词，最后一个是动词，但是三个词的意思在这里不完全相同，而且仅仅从汉语的语境中根本无法理解这三个词的相互关系。不过，应该说明的是，巴迪欧之所以在这里这么做，我估计，是突出哲学行动的事件性，即哲学行动对事件的忠实性的操作，是试图抓住事件的操作，尽管这种 saisie 不可避免地存在歪曲，正因为抓住事件，事件必然带来给予连续性的表面一种断裂，而断裂是突然的，它打破了连续光滑的想象，让真实突兀地呈现出来。因此，这种哲学行动所带来的 saisie，必然是我们对其效果（尽管是歪曲的效果）的颤栗（saissement）。最后，哲学行动的最终目的不是颤栗，而是一种告诫（saisir）其试图让我们知道哲学行动所带来的真理程序是什么——中译注。

(4）坚持哲学的抽象方面。哲学的历史伦理学要求对其自身进行抽象，它自身是零散的，哲学的干预要求超越自身。它必须在其修正过的陈述中不断地重复，它不是，也永远不会是政治、科学、艺术或情感。从那里，我们能够理解在政治、科学、艺术和爱中有真理存在，那些真理可以共存，这使得哲学可以让时间走向永恒，在某种意义上，永恒是真理在其中有问题的时间。

这些是原则，我绝对和阿尔都塞分享着一个信念，即他坚决站在哲学终结论的对立面，即便这种终结论是用马克思主义语言来说的。这个信念亦即哲学的存在是不可避免的。

必须强调的是，在 20 世纪 60 年代，那时有许多反哲学潮流，哲学与全球虚无主义主题以及人文科学领域进行了合流，阿尔都塞几乎是唯一一个坚持这一信念的人，对我来说，这个问题仍然十分重要，而且非常值得讨论。我引用了他的话："存在哲学"（il y a philosophie）。真的，存在一种理性形式的哲学。在那个意义上，他不像拉康、福柯和德里达那样反哲学，他就是一位哲学家。是，他就是。不仅他坚持有哲学，他还宣称永远都会存在哲学。基本上，他相信**哲学永生**（philosophia perennis）。

他在评述马克思《关于费尔巴哈的提纲》的第十一条

时——我相信，这是其希望的必然结果，因为，的确，当希望仅仅是某物将永远存在的确定性时，这将非常重要——他写道："这一句（第十二条）许诺了一种**新哲学**吗？我认为不是这样。哲学不会遭到贬抑：哲学将永远是哲学。"

注释：

这个文本是西尔文·拉撒路在 2002 年 5 月 27 日在巴黎第八大学举行的一个座谈会上的报告。原来的题目是《路易·阿尔都塞著作中的政治与哲学》（"Politique et philosophie dans l'œuvre de Louis Althusser"）。后来，会议记录被 PUF 出版社出版了。我后来在法国、巴西、奥地利几次偶尔谈到了阿尔都塞。从另一个角度来研究阿尔都塞的论文可以在我的《元政治学概述》（*Abrégé de métapolitique*，Seuil 版，1998 年）找到，其中的题目是《阿尔都塞，没有主体的主体性》。

让-弗朗西瓦·利奥塔（Jean-François Lyotard，1924—1998）

无论何时当我回想起那些痕迹、作品，或者甚至是身体、面庞，或者我们可以说，我总是在夜里思索着让-弗朗西瓦·利奥塔的美和魅力，这个夜晚，是从这个意义上来界定的，即在夜里，白昼逐渐变得无法被思考，同时，会有一种无法表达的迹象像清晨一样诞生。

我们谈谈《争议》（Le Différend），我发现这本书的题目是从圣经的拉丁文版借用过来的，"巡夜人，夜是什么?"（Custos，quid noctis?）这里的夜是什么？夜已经来临，或者说，夜幕已经降临，政治成了一种样态（genre）。这是贯穿于全书的一个主题：其向我们展现出来的是，由于样态的多元性，政治的实现并不是一种弥散的样态，一种并不存在的存在，而是一系列的"存在着"（il y a）。或者说，政治是"并不存在的存在的名字之一"。按照利奥塔的说法，夜，现在就是我们的位（site）：这正是他投身于的事业，说实话，他只用了十五年时间就将其实现，我用的时间比他还多，但这种实现也不过是并不存在的存在的名字之一。如果我们需要的话，我们可以让政治具有这样的意义，即从异质发散性的角度上来说，政治就是一切，由于这个意义阻碍了我们投身于政治之中，这也意味着我们只能像这样简单地说：政治什么也不是，也不再是任何东西。我们不要忘了，我们也永远不会忘记，1986 年，在对他自己的书《力比多经济学》(*Economie Libidinale*，1984 年) 进行评论时，让-弗朗西瓦·利奥塔谈到了"在其中表达出来的不驯的绝望（le désespoir hagard）"。让我们回想一下他在 1973 年的《从马克思和弗洛伊德开始的飘移》(*Dérive à partir de Marx et de Freud*) 提到的"飘移"（dérive）一词。飘移不仅反对结果的辩证逻辑，也不仅仅反对大写理性（Raison）："我们摧毁资本（Kapital），并不是因为它并不是理性的，而是因为它正是理性的，我们才去摧毁它。"甚至飘移也不仅仅反对批判："我们必须飘移。我们比其做得过多了。从其自身来说，飘移就是批判的终结。"在根基处，正是飘移与资本本身那忧郁的飘移如影随形，也正是飘移产生和加强了资本的飘移。

让-弗朗西瓦·利奥塔会说——这正是为何政治是不存在的存在的名字之一——这是一个守候着思想到来的夜：

> 新一代人完成了对资本的怀疑论，产生了一种虚无主义。那里没有任何东西，没有人，没有疆界，没有知识，没有信仰，没有理由去生或者死。

让-弗朗西瓦·利奥塔不得不与生或者死的匮乏（manque）残酷地遭遇，不得不穿越它，并思考它。当利奥塔去这样做的时候，他认为唯一的例外可能就是爱。但对他来说，爱通常总是处于例外状态，甚至当他放弃了政治时，认为这是爱的最极端的状态。当谈到他自己和他的朋友皮耶尔·苏伊丽（Pierre Souyri）时，他记得他们有十二年时间"一起全身心地投入对'革命批判和革命方向'的唯一志业的思考和行动之中，那是我们的组织，也是我们办的杂志"。但他还写道："在那些岁月里，除了爱之外，没有别的什么对我们来说值得留恋了。"

"除了爱之外。"当然，他在最后的关于圣奥古斯丁的笔记中告诉我们这个例外的共鸣。像其他东西一样，在革命政治之名下，我们必须几乎像修道士那样，需要坚决地放弃许多东西，我们所失去、所埋葬的东西非常广泛，因为革命政治逐渐采用了一种命令的形式。这个命令是夜，或者某个夜讲述出来的。于是，1989 年，在他评述阿尔及利亚的一个文本的序言中出现了一个非常突然的陈述。首先，"所有东西都表明作为一种革命画面的马克思主义终结了（无疑，所有的革命画面都终结了）"。此后，其更近似于夜的命令："对资本主义统治予以激进替代的原则……**必须**（il faut）被放弃。""必须"这个词，就是命令的能指，这里的斜体是原文中的斜体。

利奥塔的思想是对我们至今仍然承担着的责任的长期痛苦而复杂沉思的结果，不过他现在选择了离开。这个责任与夜达成了妥协，这个妥协的协议没有让我们感到颜面无存。我们还可以这样说：没有了马克思主义，也就是说，没有了客观性历史主体，我们如何进行抵抗，或许正如他写道："不得善终。"如果政治就像一个已经被弃之荒野的名字，那么哪里又是我们忠实于无法处理的现在的场所呢？在如今漆黑的夜里，我们又飘向哪里？

在资本盲目而漫无目的地持续存在的另一面，它无法被描述出来。最终，与之相伴随的是一对童年的名字，内在固有的麻烦，规律和缘故的麻烦。不过，或许在让-弗朗西瓦·利奥塔哲学的一整套名字下，在他最后的三十年里他始终在飘移。

甚至"马克思主义"（对这个词的抹杀是夜最基本的前提）这个词消散一切的行径，在他的思想中，是一种反思辨的断裂，那个词能够返回到自身那里，命名那些守候黎明到来的人。当谈及他与皮耶尔·苏伊丽的争执，正是在争执中，利奥塔发现，就是在宣称马克思主义已经"粗陋地过时了"时，就是在我们的某种表达变得"无法发声"时，我们在穿过马克思主义这个名字的过程中步履维艰，这个名字仍然有"某种东西，一种颇富远见的判断，这个判断不仅不可辩驳，而且也会永葆常青，它对于所有的意志和思想仍然具有权威性"。他得出结论，在我看来，这是一个至关重要的段落：

让我惊奇的是，我体会到，在马克思主义之中的某种东西不能反对，也不能调和，甚至不能在理论上进行欺骗，即在社会中运动的几种无法共通的话语风格，它们彼此间无法相互转换，不过，至少它们其中之一——资本、官僚制——将自己的规则施加在其他话语之上。进行压制的只有唯一彻底的一个，这个话语禁止它的受压制的对象反对它。仅仅理解它并成为一个哲学家是不够的，我们必须摧毁它。

这个文本总结了所有东西，它让思想保留了在彻夜守候黎明到来的力量。让我来列举对那些力量的一些支撑，或者说几个比较幸运的地方。

1. 首先——在这一点上，我在根本上非常赞同利奥塔——存在着多（il y a multiple）。夜将其统一起来，并将其变成可能成为的样子，这样，夜只会在异质性和多元性那里降临。存在在本质上是多元的。在《争议》的第132段，"总而言之，存在着事件（il y a événement）：发生的某事绝不会与已经发生过的某事完全一致"。这个意思还可以归纳为：存在着独特性（il y a singularité）。这意味着，可以用一个更展开的问题形式来说：它发生了吗？好的，那里有真实而合适的名字。在第133段，"通过**世界**（monde），我理解了各种适切之名的格局（réseau）"。适切之名的典型特征是没有一个句子可以宣称它可以涵盖其所有的方面。

2. 这种压制当然是一种无所不在的风格，即资本，它将自己的规则施加在其他东西之上。因为那里没有可以替代的政治历史主体，就像根本没有无产阶级一样，这种强制性压迫在某种意义上是无法颠转的，或者说是永恒的。资本是如此存在的夜之名字。这种规则的强制不过是一种表面上的驯服。从本体论角度来说，诸多事件的风格之间的不可通约性，所偶然发生事件的异质性，必然延续并坚持下去。没有解决的麻烦依然是麻烦，它静悄悄地躺在被简化的秩序规则的下面。

这个问题可以解释"马克思主义"，即利奥塔意义上的政治之名，仍然存在，并将继续存在下去，既然马克思主义在所有政治中都是空（vide），它仍然是这些麻烦的简约之名，或者至少是其名字之一。

在他的《从马克思和弗洛伊德开始的飘移》中已经概括了后来的发展。这本书的目的是批判官僚制的效率问题，在这里，我完全赞同这一点。利奥塔提出了一个非常有力的问题，即摧毁革命政党和组织的是"给予改革以优先性"。正如我今天强调的，政治不是权力的国度，它是思想的国度。它的目标不是改革，它的目标是前所未有的可能性的创造。政治不能从既定的情势中推导出来，因为我们只能规定政治。

但是，究竟是什么让利奥塔站在了他批判背景的对立面呢？他所谓的"另一种安排"是什么？他提到，这个与资本有关联，"这种关系不是辩证的，也不是批判的，而是共存的"。

毫无疑问，这是现代主义的核心问题。否定性的关系是什么？什么是非辩证的异在（altérité）？什么是非批判的共存？在这个背景下，有两条路径走向共存：

1. 无穷小的否定，几乎感觉不到的空，对多元性的数学化和冷淡化。这样，这种关系是一种纯粹的逻辑表现。政治在日常活动中保留下来，因为它不需要，也不会需要任何替代性主体。"无产阶级"是一个彼此相异的序列性的独特性之名，而非一个历史力量的名字。这是我采用的路径，利奥塔总是批评我僵硬地将描述性的句子等同于规范性的句子，或者批评我颠倒黑白地死撑着一种已经死亡的大写叙事。

2. 另一种途径，也是利奥塔和德勒兹在理论上所采取的途径，他们借用了柏格森生命哲学中的一种关系，即在这种关系中，既不存在否定性的异在，也不存在非辩证的异在，只有质性的绵延。例如："那里有一种可以是革命性的词语、实践和形式的感知和生产，但其不允许它们对跟随巨大的潮流，巨大的本能欲望（Triebe），跟随那种将取代一切可见的设置安排，改变一切操作性意义的主要潮流保持足够的敏感。"我们可以看到，这种飘移预先设定了潮流的质性压力。

不过，尽管两者存在区别，数学公理式的路径和生命主义式的路径的分歧只有当我们不借助否定性去思考关系，不借助任何超验性的标准来思考不可通约性时才会存在。于是，夜的黎明，或者说思想必须关心的东西都是多的"共存"，但那并不意味着他们可以一起来思考，不能用利奥塔在飘移中的问题中用的那种规则。

于是，存在着多。那里的多是不可通约的，是不可处理的麻烦。那么我们回来，在我引述过的文本的最后，有一个解构的主题："仅仅理解它并成为一个哲学家是不够的，我们必须摧毁它。"

我们已经寓于这一点之中。"摧毁"正是那种将哲学区分于那些因为我们遭受到压制而被强制接受的东西的名字。"摧毁"也是超越了哲学理解的东西。如果"摧毁"的名字不再是"政治"，那么它的名字会是什么？是谁在那个荒弃和抹去了政治的黑暗中（我们自己也身处其中），守候着黎明的到来，消磨并摧毁着黑夜？基本上在利奥塔看来，只有以下问题：颜色（couleur）是什么？在哪里？它又从何处来？

为了把这个问题分离出来，我们必须在这个早上，抛掉我们对黑暗的统一性的挚爱。在那个统一性中被熔接在一起的名字就是资本和官僚制。抛弃我们对其之挚爱，意味着解构。抛弃我们对其之挚爱需要一个长期的历史过程，这个过程既是个人的，也是集体的，那个过程几乎快被遗忘了，但所有的利奥塔的思想都是对其的陈述，一种账单式的列举，从其角度来进行的概念性的陈述。

是的，我在这里，十分欣赏他所说的什么是**形象**（figure）。对于让-弗朗西瓦·利奥塔来说，没有什么东西比将坚定和批判的思想、激进的批判，以及组织化实践同作为参考点的工厂结合起来更重要的事情。我在这里之所以如此赞赏在比朗古尔的雷诺汽车厂（Renault-Billancourt）斗争中的利奥塔，是因为除了爱的义务之外，他的所有东西都源自这里。正如我说过，我们之中，能有多少人会用不止一周或三年时间，而是十五年乃至更长的时间，一大早跑去跟几个工人会面，并用其生命与思考的力度来思量哲学？又有几个人能像 1989 年让-弗朗西瓦·利奥塔那样自由地和大声地喊着："只有寥寥可数的激进分子、工人、被雇佣者、知识分子能够聚集起来，在理论和实践上，继续跟随着马克思主义的对现实的批判，直到其最极致的结果？"

或许，这就是我们用以区别他所谓的形象和所谓的众所周知的影像（image）的方式。

当萨特在本尼·列维（Benny Lévy）和左翼无产阶级的操纵之下，爬上比朗古尔雷诺汽车厂的大门外的大桶上时，这是一个影像。这是一个经过精心策划而生产出来的影像，他可以被媒体所转播和应用。这是一种公开的表演。

当思想和行动都集中在"工厂"的位（site）上时，当那里有人守候着黎明时，那就是一个形象，没有影像，没有媒体可以抓住这些形象。当利奥塔在那些岁月里，毫不夸张地说："组织考虑到他们自己退缩而带来的苦果，并允许工人说话"时，他是对的。

那正是我想向他致敬之处，哲学家的黎明可以在一个工厂中，不是在浓厚而坚实的阶级的意义中，不是在先锋队或代表人民的人那里。相反，而是在一个轨迹的轻快中，在对清晰、飘移、出发、非辩证的异在和非批判的关系的坚持中。在作为创造的政治的意义上，首先，最重要的是不可能的位置和无法感知的连接的创造。

"直到其最极致的结果，"利奥塔说道。这个原则——直到最后，无论在现在的公众眼中这个结果是多么极致——正是哲学的关键所在。所有的真理都是从最极致的结果中编制出来的。真理始终是极致的。

让-弗朗西瓦·利奥塔必须在其最极致的结果，承受如此众多的决裂。在这个背景下，有托洛茨基在 20 世纪 30 年代同斯大林的恐怖主义的决裂。在战后，我们要同决裂进行决裂，因为，他提醒我们，托洛茨基主义不能"界定所谓共产主义社会的阶级本质"。他在 1954 年加入了"社会主义或野蛮"（Socialisme ou barbarie）组织。1958 年，他因为与克劳德·勒弗尔（Claude Lefort）分道扬镳而陷入麻烦。20 世纪 60 年代之后，他第一次开始怀疑政治是否可以作为那些不可处置的对象的一般性或目标性的名字。

事实上,我们对无产阶级的所作所为不是"一种特别的歪曲,而是这种行为本身就是歪曲"。但从今天激进运动和理想深度地消解中所产生的问题正好解释了革命计划何以可能得到表达和组织,何以可能去战斗。

在今天的社会中,一种政治观念已经死去。当然,既不是呼唤着失业者的政治家的"体制的民主化",也不是"巨大而统一的社会主义政党"(其成立必须要拒绝"左翼")的创建可以让这一观念具有生命力。这样的观念没有前途,它与危机的真正维度的关系甚微。对于革命来说,只有今天才够得上创造革命。

这告诉我们,这并非是产生不可衡量之物的尺度。

1964年,"社会主义与野蛮"组织分裂了,一边是柯奈留斯·卡斯特瑞阿迪斯(Cornelius Castoriadis),一边是利奥塔参加的(尽管后来他对之产生怀疑)"工人力量"(Pouvoir ouvrier)。

1966年,他退出了"工人力量"。这导致了他同他的朋友,也是"工人力量"的创始人皮耶尔·苏伊丽之间的决裂。

1968年,对于利奥塔来说,一个明显的真理是无产阶级顶多只是一个笨重的殿后（arriére-garde）①，这个想象出来的主体是无组织的，而其历史是飘移不定的。"欲望革命"（Désirévolution）这个文本用诗的语言说道：

  但那正是历史的本质，我们将我们的石头抛入那个空（vide）之中，
  无须看着那个摸索中的夜，没有意义的暴力，一个问题从鹅卵石中挖掘出来，
  并超越了所有的制度。
  否定是一个挑战，尤其对那些压迫他们或代表他们的人而言。
  感谢它的姿态，那个政治天国的虔诚的话语，
  但在今天或明天，它将堕入虚空之中。
  他们完全看不到这些。
  刚刚开始的并不是走向另一个体制或系统的道路的危机，
  因为这是一个必然的过程。
  被欲望的他者不可能是资本主义的他者，
  因为资本主义的本质正是它的他者内在于它，
  因此它可以自身复原。

---

① arriére-garde 显然是与 avant-garde 相对的，avant-garde 是先锋，马克思主义认为无产阶级是先锋队，但实际上利奥塔否定了无产阶级的先锋队地位，不仅如此，无产阶级还是最落后的，在革命队伍中只能起到殿后（arriére-garde）作用——中译注。

那个公开的被欲望或将被欲望的他者，

是一个前历史的他者，在那里，我们都带着镣铐，我们尖叫被贬低成书写状态。

冬官的影像、舒缓的音乐、创造被禁止或允许，游戏断裂成工作与休闲，

知识分裂成科学，爱分裂成性。

在古希腊之眼中，社会睁开了双眼，他们的政治忙于往眼中填满砂子。

我们已经宣布了历史的开始，眼的开始。

他们拒绝去看一切。

这让我们再次提出这个问题：颜色在哪里？这是一个典型的清晨的问题：眼的睁开是什么？思想之眼的睁开是什么？一眨眼，算是一道闪光。一个思想，算是一片云彩。听着："思想不是大地的果实。它们在区间里没有留下痕迹，除了人类的商品之外。思想就是云彩。思想的边缘是……深不可测的。"面对云彩，眼睁开了，这是两个相互颠倒的运动的结合。一个是睁开/闭上的眨眼，另一个是形象的替代。利奥塔永远不会停止探索可以颠转的支点，那个点的出现也意味着共存共生。在那个点上，眼睁开得以看到最不可能的云彩的形象。

我们可以说：思考是外在差异和内在差异的不和谐的重叠。无论是云，还是眼，无论它们彼此之间，还是它们

自身,都不可能和谐共存。形象的变化是无限的,眼的睁开绝不是从闭上开始的,甚至在否定性意义上也是如此。这就是我们必须理解的非辩证的点:盲目、替代,并最终:难以处置的事件,盲目与替代调和起来。这是一个奇迹。毕竟,思想只是一个奇迹,那正是为何利奥塔逐渐认为艺术的独特性是其主要的宝藏。绘画,肖像画,或者更有甚者:肖像画同风景画的斗争。

但有必要再说一遍:"马克思主义"一词本身还可以继续命名这个非辩证的点,这个可以颠转的点。让我们来读一下利奥塔在《马克思主义的记忆》的末尾的一段话:

> 马克思主义在两个意义上是分工实践的批判性知识:一个是其宣布了在"外部",在历史现实中,找到这种分工;另一个是作为一种争议,分工在"其中",不让这个宣言在普遍性上,仅仅只有一次正确。这样,这并非屈从于反驳,它是让反驳变得可能的战斗部署。

这是一个在两个方向上发展的实践,因此,这也是一个没有方向的轨迹。按照利奥塔的说法,这是当哲学家最后丧失了对无产阶级叙述兴趣时的继续探寻的支柱。

无疑,我们的争执必须面对这一事实,在作为奇迹对立面的过程,作为形象对立面的真理,作为语言和权利对立面的数学,作为来临对立面的决定,作为不可颠转的对立面的导向，作为历史主体的工厂对立面的政治性位的工厂中，我比他更感兴趣。或许他会说，我是一道风景，而不是一个肖像。这里有些晦涩，但不至于太多变化。这仍然是一个现代。

长期以来，我们俩的关系极富火药味。在1968年后，事情变得特暴力，色彩更浓厚，也更艰难。利奥塔不得不蔑视毛主义，而毛主义恰恰是我们行动背后的关键性启示。早在1958年，"社会主义与野蛮"组织出版了苏伊丽的一篇题为《官僚制中国的阶级斗争》的论文。可以看出，利奥塔和他的朋友用极其尖刻的话语讽刺毛主义者是一群骗子。他对于我们思想中的关键词能指也没有丝毫兴趣，如对人民群众路线，人民群众的行动，人民群众的民主中的"人民群众"一词就是这样。1972年，他写道："不要说我们知道人民群众渴望什么。没有人会知道，包括人民群众自己也不知道。如果我们变成人民群众所需要的公仆，按照你们假定的知识来领导他们，那什么也不会改变。"是的，在我们和人民群众之间有一个政治鸿沟。这样，对于利奥塔来说，政治必须从可以让不可处置之物展现自身的优先的地位上退下来。对我来说，那是可以从事件的独特性中逐步推导出来的真理程序，它仍然在那里，工厂也是这样。一种特别的和平突然可能了，那里还有他所竭力描述的作为我们之间"情感"的东西，尽管这个"情感"十分遥远，也有点可笑并从来没有探讨过。可以说，我和利奥塔的农民祖先，都自于上卢瓦尔高原的同一个村子。那个村子叫穆代尔（Moudeyres）。在穆代尔的公墓，几乎所有人都叫巴迪欧和利奥塔，这种和平共处不仅仅是死者的共处，而且也是作为深不可测的时间的命运的共处。

我现在可以在一个我们相切的特殊点上来看到我们俩的争执，这个点并不会把这种争执变得更为严重。恰恰相反，像通常德勒兹那样，这个点是内在的和超验的。这是在利奥塔的《争议》一书中的一个关键的论述，这是哲学的主要要求之一：“这个词归纳了从一个阶段向下一个阶段过渡过程操作的一般性规则，它将自身从属于这种过程操作的形式。”他应用了康德式的词汇，像所有的黑格尔的敌人一样，他非常喜欢用这些词汇，他再一次说：“系列的综合亦即一个属于系列的要素。”

是的，这不对。这不是我所想的。那里有一个真正的溢出（excès），有些东西没有了位置，成为一道裂缝。如果我们将此称作先验，那就太糟糕了。最粗野的例子就是让一个并非有限的整体的数变成一个有限的整体的数。真的，这是一个真正无法接近的整体，其内在原则是重复和接续既不是重复也不是接续。

这或许就是我们之间的差异点，这个点正是我们在那个漆黑的夜里需要守候的那个黎明之前的未来。一个是飘移的序列逻辑，另一个是溢出的点的定位。一个是孩子气的不可衡量的有限，另一个是对例外的提升和重视的规划。

最终，我想，这就是一个关于无限的争议。或者说，是其关于有限的争议。需要说明的是，我并不像他那样讨厌黑格尔，同样也不像他那样倾向于康德的法的主题，其最终的结果，正如利奥塔所说，"一种极度痛苦的快乐"。

这是一场关于无限本质的争议，但并不涉及其用途。毕竟重要的是，保留多的本体上的权域，并让其走向无限。在《争议》中，利奥塔重复了人权观念。不过他所关注的既非"权利"也非"人"。他还非常正确地提出，"他者的权利"并不太好。最终他用一种我非常赞赏的华丽的表达提出，"无限的权威"。

就在这里，我想结束今天关于这一问题的讨论，一个在无限权威之下的哲学的圣餐，其要求我们去飘移，去摧毁，这需要某种是无的东西。那就是对所有思想的需要，但思想绝对无法满足这个需要。这就是我所谓的优先决定。这也是他所谓的影响。在《争议》中，他写道："正是以这种方式，马克思主义没有走到尽头，如同争议的感觉一样。"让我们说，政治仍然像一种过度决定一样残留下来。就像兰波所说的哪有那个，我们和让-弗朗西瓦·利奥塔之间总有一种亲密的争议，关于**地位和规则**的争议。

注释：

这个文本是由多罗雷·利奥塔（Dolorès Lyotard）和让-克劳德·米尔内（Jean-Claude Milner）〔当时的哲学国际学院（Collège international de philosophie）的院长〕以哲学国际学院的名义主编的一本关于让-弗朗西瓦·利奥塔的文集，这本文集后来在 2001 年由 PUF 出版社出版，题目为《让-弗朗西瓦·利奥塔：争议的实践》(*Jean-François Lyotard, l'exercice du différend*)。

吉尔·德勒兹（Gilles Deleuze, 1925—1995）

为何在十多年之后，他仍然是我们的同时代人？他又是如何与其时代格格不入的？这种格格不入是极为稀少的，是为了在未来成为同时代人。当然，在列举20世纪思想清单的学院派（他们认为20世纪的精神一直都需要讨论，这种讨论的方式似乎在我们的课堂中很盛行，无论是虔诚的现象学学者还是民主的文法教师那里都是这样）眼中，他不是"现代的"。谈到现象学，埃里克·阿里耶（Eric Alliez）说得非常对，德勒兹坚持最久的——也是最艰苦的——计划是证明了我们可以从中逃脱出来。而且我们也必须从中逃脱出来，因为正像他指出的，现象学"祈求了太多东西"。对于分析哲学和"语言学转向"，他带着仇恨的眼光憎恶这种倾向，然后采用了一种维也纳学派的态度，至少在大学的哲学系中，将爱默生、梭罗和詹姆斯等人的丰富的美国思想完全抛弃。至于民主，不可能谈太多，大家认为这是一个无畏的和正确的宣言，按照德勒兹的说法，哲学的主要特征之一就是其十分厌恶"讨论"的观念。

但那并不必然意味着德勒兹完成了海德格尔的现代性计划——那种在解构的名义之下的无穷无尽的"形而上学的终结"。他喜欢说，在形而上学上他没有问题。将德勒兹置于普通的谱系中极为困难。当然,他坚持认为我们的时代是从尼采开始的,他像其他许多人那样,十分相信尼采——尽管在我看来,尼采并不是他的最重要的启示——认为尼采将意义观念,而不是真理导入了哲学,而真理早就被那些因循守旧的人扼杀了。但这个尼采的先辈是经受了"哲学的基督"洗礼了的斯宾诺莎,他还有一个法国兄弟叫柏格森,他的确让不少人感到震惊。说真的,德勒兹建构了一种不同寻常的"兴趣"史("兴趣"是一个他喜欢用的词),这个"兴趣"史只对他自己有意义:有斯多葛学派和卢克莱修、邓·司各特、斯宾诺莎和莱布尼茨、尼采、柏格森、怀特海……概括其全景,抑或概括出共同的"现代性"特征是一件非常不简单的事。

于是,我们可以像大西洋彼岸对他的分类那样,将他看成是一个代表着 20 世纪 60 年代之后的大陆哲学,尤其是法国哲学的后现代主义者(或后—后现代主义者)吗?我们若是如此,我就忘记了他曾经同潮流进行过搏击。他在谈论结构主义,谈论作为意义原因的无意义,谈论"空集"的理论时滔滔不绝。他沿用了布朗肖的死亡和写作的分析,但他也对其进行了修正。他不属于后现代,在十多年后的今天,他仍然不属于这个潮流。他同拉康之间的争辩充满血腥味,他甚至用他的分裂分析(Schizophrénie)来挑战拉康的精神分析——尽管这是徒劳的。他和迦塔里一起创造了一种"马克思主义",这种"马克思主义"完全是阿尔都塞的马克思主义的对立面。很明显，他也远离了他同福柯之间深刻的友谊。尽管在这里我没有时间证明这一点，不过我坚持认为他与福柯之间的友谊却无法掩盖这一事实，即当他们关于具体独特性的核心观念发生彻底变化时，这种友谊关系也发生了彻底变化。

那么，在我们的时代，我们应如何召唤他呢？为什么即使他永远地退出了我们同反动的丑恶进行战斗的前线之后，他很明显仍然是我们的同路人呢？我从五个问题来讲述这一事实，这五个主题都与那种已经被穷竭（épuisé）了（另一个他喜欢用的词）的某物的实现紧密相关，在那一刻，可以感到他是他很多英雄的兄弟，如梅尔维尔（Melville）和贝克特（Beckett）：

1. 德勒兹将所有"终结"的思想（形而上学的终结、意识形态的终结、宏大叙事的终结、革命的终结……）同一种信念进行了对比，即如果其不是肯定判断，那么什么都没有"兴趣"。批评、无力、终结、谦逊……所有这些都不如一个独特的真正的肯定有价值。

2. 统一、聚集、"连贯性"和共享价值的这些问题都不过是孱弱的思想的无聊透顶的要素。就像在所有的创造中那样，具有价值的当然是综合性的，但这种综合是以分裂和析取的形式进行的。即析取综合（Synthèse disjonctive）；对于所有"被迫"去思考的人来说，这是一个真实的操作〔因为我们不是"自由地"思考，我们是在压力下思考，我们的思考是一种"精神性的自动操作"（automate spirituel）〕。

3. 我们必须停止关于时间和其不稳定性，以及它的主观上普遍存在的思索。有什么是永恒的，或者更具体地说，什么临时的非时间性获得了"事件"之名。那个伟大而独一无二的"骰子一掷"，让我们的生命既赌下了偶然性的发生，也赌下了永恒性的轮回。

4. 我们必须摆脱语言的困扰。言说极为重要，但对言说的理解是在同肯定性经验的整体性的多种形式的关联中被把握的，因此言说没有建构句法的权力。将哲学同语法或同规则的创制混淆起来是错误的。让我们像抛弃一具腐烂的尸体一样抛弃那种观念吧，即不要认为思想的自然形式就是判断。用个人经验，用"在我们自己的境况中的理解"来代替判断吧。

5. 辩证法已经穷竭了。我们必须造否定性的反。按照"轮回"的方法，其将我们带回到点1：找到对不可能之物及这种寻找的艰辛的整体性肯定，这当然意味着对任何形式的否定的拒绝，相信——不由自主地——正在生成的东西。

我很高兴地在这里总结一下所有先前的内容——无论对于他还是对于我来说，尽管我既不赞同其内容，也不赞同其论点——所有东西可以用一个否定的描述来表达：同有限的精神战斗，同错误的清白战斗，去抵抗那些暗含在有关人类生物的有限命运的"有限"一词和可恶的"谦虚"

的宣言之中的战败和妥协的道德，用一个肯定的描述来表达：仅仅相信无限。对于德勒兹而言，概念是"以无限速度"运动下的真实要素的轨迹。还有，思想仅仅是一种混沌的无限的燃烧，化作一种"混沌宇宙"（Chaosmos）。是的，那就是我先前谈到过的前线，就是他和我们站在一起的前线，通过和我们站在一起，他证明了他自己就是我们最重要的同路人：让思想忠实于其所依赖的无限。让我们不在可恶的有限精神面前退缩半步。在我们的生命中，我们绝不承认任何因循守旧的保守分子为我们设定的界限，我们将不惜一切代价去穿越它，正如一个古人说的那样，"走向不朽"。这意味着：我们竭尽所能在我们内部将人类敞露在超越有限的存在那里。

注释：

这篇短文发表在《文学杂志》上，主要是用来纪念那位哲学家逝世十周年。

德勒兹可能是我们同时代的作家，我经常写点关于他的东西，如我接受我的编辑本努瓦·香特尔（Benoit Chantre）的委托写作的《德勒兹：存在的喧嚣》（Hachette，1972年版），在当时看来有点迟。在我的《世界的逻辑》中，我用了一整章（卷5，第2部分）来讨论德勒兹提出的事件概念。我将他看成是与我完全对立的那些问题的最典型的体现。在1966到1980年那个红色岁月的战斗的怒火中，我们之间采取了一种极端暴力的对立形式。可以参看我的《潮流与政党》（"Le Flux et le parti"），这篇文章发表在1976年3月的《理论与政治》杂志的第6期上，这篇文章记录下了一种怒火。后来，我开始喜欢上德勒兹，尽管我们之间的对立没有消除。这基本上是柏拉图主义同反柏拉图主义之间的对立。

米歇尔·福柯（Michel Foucault, 1926—1984）

他是一个哲学家，他的思想的对象和目的始终处在变动的边缘。他试图在反尼采式的谱系学的背景中，去理解某种结构，即在这种结构中，他认为在某个点上，有某个真理姿态，这变得十分有意义。

他是一个知识分子——他经常说，他反对那些用这个词来无病呻吟的那些人。

他是一个孤独的大师形象，他没有学派，没有一个人团结在他周围，而且他经常保持缄默。

他是一个学者，是一个极其优秀的学者，充满着幽默、谦逊和能力。如果有必要，还充满了巨大的理性暴力。

他背后隐藏的导师一直都是乔治·康吉莱姆。在他那里，我们能够读出同样的艰苦工作、文献考证的味道，这是为了打断、为了寻求这种偶然的确定性，这种确定性从来就不会看不到这是一个伦理规则。

他是一个写作的法国人，他迅速并潦草地书写着，很快描绘出图像，正如很快废除了这些图像。

他那高贵的言辞首先是对图书馆、对校勘、对文档的怀疑。

他有能力引起震动，他也有能力消失得无影无踪。他完全没有炫耀的风头，那些在地铁和人群中的人们很少能够发现在这个名字下隐藏的无名的光辉。

他是一个激进主义者，他支持个人动机——所有的动机都是个人的——他是一个在十字路口发表宣言的人。一个同时可以接纳最尊贵宝座和最野蛮囚徒联盟的人。

简言之，无论我们谁来读他，即使读一丁点，都会赞同或不赞同他是在那个卑劣的时代中的粗俗之物的障碍。无论是在知识界，还是在制度中，像他这样的人并不多了。他留给我们的是一点点更昭然若揭的东西，一点点更为脆弱的东西。

对于一整代哲学家来说，他们面对的危险是战争，是抵抗运动。我们失去了卡瓦耶斯和劳特曼。对于福柯来说，危险仅仅是这样的世界，没有高雅的世界，令人窒息的世界，这个世界经常更新，所有东西都宣称自己是普遍的。

他——这个无私的人——与这个世界站在同一水平线上。从个人来说，我对他的高度感到惴惴不安，但他如同一堵坚固的堤坝阻拦着世俗上那种最根本的无法逆转的卑躬屈膝的潮流。他非常关心，主体是如何同自身建立一种合法关系。于是，在这种根本性的趋势之中，知识最显著的形式就是向伦理学卑躬屈膝。

我们已经聊过了福柯的理性主义，并且指出了其张力和层次。此外，我们相信，他所建构出来的详细内容并不比承认绝不会在自己雄心壮志同知识安排的普遍性之间进行妥协更具有决定性价值。

那个潜在的"什么是现代知识分子?"的讨论并不是我们以福柯已死为借口,从而用一种不存在的福柯来取代福柯自己的理由。那么将其纳入学者专家的一本正经,纳入密特朗的部门,或者新闻界的垃圾中意味着什么?

至于将他同萨特做一个对比,那应是学者们干的事情。

当然,我们必须彻底告别现象学、意识理论,以及那个心理学的最后的圣坛,围绕着这些,他做了许多工作。福柯大胆地指出,康吉莱姆将自己严格限制在科学或者医学这个狭小的圈子里来谈论我们从人文科学、历史和人类学之中能思考什么。诊所、疯癫、金钱、语言学、植物学、刑罚、性……但这既不是历史、人类学,也不是人文科学。这是一种附属于哲学,附属于纯粹思想、客体和文本的姿态,而这种姿态已经与之分道扬镳。我们已经占据了这个附属领域,即便当福柯的姿态对我们来说是不完善的,或者难以让我们再继续跟进下去时也是如此。

但只有在此后,我们才看清他拥有一种忠诚——所有的真正的忠诚都是一种决裂——忠诚于他所界定的法国知识分子的特色。这种特色是 18 世纪的遗产,这意味着知识分子是批判的理性主义者,是政治的见证者,是拥有多种晶态(polymorphe)好奇心的人,也是一个作家。在福柯之前,萨特是这个传统的现代名字。这个时期的正义将萨特和福柯聚集在一起,在巴黎十八区的古得多(Goutte d'Or)地区①抗议对移民工人的谋杀和驱逐,没有任何东西可以胜过这种画面。

近几年来,除了在剧场外,我很少与他相遇。毕竟,那里是人们相遇的最好的地方。我们到那里,十分愉快地忘却了我们平常所喜欢的言辞表达(représentation)。正是戏剧净化了我们的言辞表达。福柯对此非常熟悉,就此而言,文学是我们的伴侣,我们看到了他阅读雷蒙·鲁塞尔(Raymond Roussel)②,看到了他会给出的批评。

不要让人告诉我们,在那之后,随着福柯的逝去,他的事业和他的一般价值都烟消云散了。即便福柯明显告诉我们的是完全错误的方向。他谈过伊朗,他对于伊朗革命给予了高度评价,这正好证明了他喜好走进历史,在完全不同的真理体制中遨游穿梭。

尽管我们可以随处读到他,但实际上是这个世界让他如此自信,他要转达给我们的是,我们必须改变我们自己和这个世界。

我之所以如此欣赏福柯,是因为当今天我阅读他最后一部著作时,更准确地说,他栩栩如生地站立在我面前。

我个人已经深深地被他所触动和感动,他谈到了他试

---

① 十八区的古得多(Goutte d'Or)街区集中非洲移民,以巴尔贝市场(marché Barbès)著称——中译注。
② 雷蒙·鲁塞尔是法国著名诗人、小说家、剧作家和音乐家,他的作品对20世纪的法国文学产生了巨大影响,包括超现实主义,法国新小说都深受其影响——中译注。

图追溯古希腊—罗马世界中的性征[1]（sexualité）的主性（maîtrise）[2] 谱系，福柯重新导入了大写主体的范畴，尤其是他〔在1984年5月29日出版的《中篇小说》(Les Nouvelles)杂志的一篇访谈中〕指出："我将我们获得主体建构的过程称作为主体化（Subjectivation）。"

福柯唯一一次妥协——他的这种妥协几乎在所有知名的法国哲学家那里都有——就是，至少在其理论著作中，他试图绕开拉康。

他唯一关心的是他内在的、突兀的和可笑的信念所确证的东西，这种信念在他那里十分坚实，同时用科学之名武装起来。

注释：

这个文本发表在《鹦鹉》杂志1984年6月的第42期上，那时福柯刚刚去世。

[1] sexualité 是福柯晚期重要著作《性史》的关键词，余碧平版中译本译为"性经验史"。必须说明的是，sexualité 既非单纯的性（sex）亦不是"性经验"，而是我们作为正常人去面对与处理性和两性关系的态度与结构，在这里译作"性征"——中译注。

[2] maîtrise 是拉康精神分析常用的词汇之一。在拉康的讲座十七《精神分析的背面》中，拉康提出了四种话语理论，其中第一种话语即主人话语，为了理解方便，这里不译为主人谱系而译为主性谱系——中译注。

雅克·德里达（Jacques Derrida, 1930—2004）

用弗里德里克·沃姆斯（Frédéric Worms）的话说，在法国，20 世纪 60 年代是哲学的年代，即便对于那些明显准备去忘却那个年代的人也是如此。或许，那个哲学时刻仅仅只有从 1962 到 1968 年的风潮涌动的五年，以及在阿尔及利亚战争结束到革命风暴时代的 1968 至 1976 年间。是的，正是那个时代，那是一个真的让人感到如火如荼的时代。我们如今可以说，雅克·德里达走了，代表着那个时代的哲学一代几乎全都离我们而去了。唯一残留的守护着这个光辉形象的人，只剩下克劳德·列维-施特劳斯（Claude Lévi-Strauss）[①]。

因此，我首先感觉到的并不是特别高尚的情操。实际上，我对自己说："我们现在老了。"

这样，我们……我们……我们是谁？好，非常特别，这意味着我们只是那些已经被历史遗弃的人临时的使徒。我们这些在 1962 到 1968 年间二三十岁左右的年轻人，我们充满激情地跟随那些大师的教导，随着他们的苍老和逝去，我们也渐渐地老了。但这种老了和他们老了并不是同

[①] 就在巴迪欧的《小万神殿》出版后一年，克劳德·列维-施特劳斯也逝世了，但那个守卫着那个时代的接力棒似乎已经传到了巴迪欧手上——中译注。

一个意思,因为他们是我所说的那个时代的标志,而我们当今的时代可能不需要任何这样的标志。我们老了是因为我们花尽了我们的青春去聆听这些大师的教导,去阅读他们的作品,去夜以继日地讨论他们提出的问题。不管怎样,我们曾经生存在他们的庇佑下。我们接受了他们的精神庇护。通过聆听他们那伟大的声音,我们不再与本真相隔千山万水。

因此,我坚持——我感到这是赋予我的使命——赞美雅克·德里达,他刚刚离我们而去,但,赞美他,也就是赞美所有那些离我们而去的那一代大师们。去怀念那些死去的时代的标志,怀念60年代那个激动人心的时代。

哲学上的赞美,我相信是一个恰当的赞美。这种赞美标示出差距,让其富有力量。为了进行这种赞美,我需要几个前提,我在这里用极简单的形式来列举这些前提。

相当的朴实。因为在他那令人惊异的快速写作的流程中,有一个十分朴实的德里达,一种顽固而从未改变过的朴实。这就是为什么总有那么多对他的暴力攻击的原因之一,即便在他去世后,美国的媒体还不放过他。如说他是"故弄玄虚的思想家"和"不可理喻的作家",这些攻击无非是对其最野蛮的反知识分子的侮辱。

我们把这些污蔑者称为得克萨斯人(Texans),也别再理他们了。

我们认为,我们所谓的存在者(étant)——在海德格尔的意义上——是多（multiple），我们关心存在者的表象，这意味着我们可以谈论这种在一个确定的世界中揭示自身的存在者。我们认为，我们试图去思考这个存在者，但并不是简单地从其存在来思考，或者换句话说，从纯粹多的角度来思考，而这种多构成了其类性（générique），或者说不确定的存在，而是从面向其本身——这是现象学的经典姿态——因此也是从他在这个世界上发生，并在这个世界上的呈现角度来思考。我们像许多在我们之前的前辈们一样赞成，将这种存在（être）在世呈现称为实存（existence）。

这里有一个技术性的处理，即在存在与实存之间的新（也是完全合理的）的区分可以采用不同的形式，在这里我们不可能详细来讨论这个问题。我简单说一下存在和实存那里的关系，或者说多与世界的痕迹之间的关系，这是一个先验的关系。事实上，多元性指定了在世之实存的程度，即呈现的程度。存在的事实，即在一个确定的世界上的呈现，不可避免地同呈现的某种程度相关，因为世界具有呈现的张力，我们也可以称之为存在的张力。

这个问题相当复杂，也极为重要，德里达在这个问题上写作了大量著作，并告诉我们说：多可以在几个不同的世界中呈现出来。其存在拥有多个实存。我们接受的是存在的无所不在，在这个意义上，存在实存着。因此，多可以在多个世界中呈现，同样，多可以在多个世界中实存，但作为一般性法则，多在那些世界中的实存是这种张力的不同程度而已。它在一个世界中呈现出一种张力，在另一个世界中这个张力微弱一些，在第三个世界中最微弱，在第四个世界中又相当紧张。从在的角度看，我们对不同世界间的循环非常熟稔，在这些世界中我们刻画了不同的张力程度。我们所谓的"生命"或者"我们的生命"通常是从一个我们在其中表象为更低的世界上的实存值，向一个我们的实存具有更多张力的世界的转变。那就是生命的要素，一种活生生的生命体验。

这样，我们走向德里达的出发点是：给出在世的呈现出的多，给出多的要素（这些要素始终与之相伴随）——这意味着构成多的总体在那个世界的呈现——在那个多中，始终有一个要素的表象是由最小值来衡量的。

这一点非常重要。我再说一遍。多在一个世界上呈现，超验关系决定了多的要素表象的表象的值，存在的值。碰巧，至少这些元素其中之一——在现实中，那里只有一个——以最小值呈现出来，或换句话说，有一个最小值的在。

你们可以简单地理解，在一个世界的先验性上的最小值的实存，就等于是在那里基本上没有实存。从世界的观点来看，无限小的实存就等于完全不实存着。如果你们在那个世界上，尽可能的无限小地在也意味着完全不存在。这就是我为什么将那个元素描述为"非在"。

我们已经知道，多在一个世界中表象，因此，总是有一个多的元素在那个世界上非在。非在不能用本体论的语言来概括，只能从在的话语来描述：它是在所有确定世界中实存的最小值。

我可以告诉你们一个非常典型也非常著名的一个例子，德里达围绕这个例子做了许多工作。在马克思对资产阶级或资本主义社会的分析中，无产阶级是真正的非在性质的政治性的多。无产阶级是"并不实存的存在"。这并不意味着在任何意义上它都没有意义。马克思并不是在一段时期认为无产阶级并不存在，而是相反，他写了一本又一本著作解释无产阶级是什么。无产阶级的社会性存在和经济性存在是无疑义的。一般来说，有问题的是，在今天更甚以往的是它的政治性的**实存**。无产阶级的在已经完全从政治性表达中清除出去了。多可以这样分析，但我们如果从政治性世界的呈现规则来看，无产阶级就完全不实存着。无产阶级在那里，但是以最小值表象出来的，换句话说，零值表象。很明显，这就像《国际歌》中唱的那样："我们什么也不是，我们将会成为一切（Nous ne sommes rien, soyons tout）"[①]，这里"我们什么也不是"是什么意思？那些宣称自己"什么也不是"的人并不是断定他们是虚无。

[①] 为了贴近鲍狄埃的法文国际歌的原意，这里没有采用通常传唱的国际歌中文歌词"不要说我们一无所有，我们要做天下的主人！"因为在中文歌词中没有巴迪欧所说的这种意思——中译注。

简单地说，当他们从政治上表象时，他们说在这个世界上他们什么也不是。从他们政治性表象的角度看，他们什么也不是。"成为一切"预示着世界翻天覆地的变化，或者换句话说，一个超验性的变化。如果要成为实存，就必须改变超验性，因此，在世界上的非在，或者说多的非表象的点，要变成自己的实存。

让我们立刻结束这些前提的讨论。呈现，或者说在世存在的一般法则之一，就是那里始终都有一个这样的非在的点。

现在，我可以指出德里达思想中的问题所在，他的策略性术语的问题，以及那种在柏格森所说哲学家只有一个观念意义上的问题。在我看来，问题出在德里达的著作中，他那永无止境的著作中，在他的写作中，这些著作辐射开来，仿佛他有许多不同的著作，有着无数变化的研究方法，这个问题就是**非在的痕迹**。要知道，在他那些试图记录下非在的著作中，严格来说，这种记录是不可能的。问题是德里达的写作——这里的"写作"设定了他的思想行为——是**将非在不可能的痕迹用某种记录方式记录下来**。

"解构"的意思是什么？在他生命的最后时刻，德里达非常喜欢说，如果有某样东西必须马上解构成某物，这就是解构，即"解构"一词。解构已经成为学术界的宝藏之一。在某种意义上，他们并没有准确理解解构。我仍然认为，对于德里达来说，"解构"一词完全不能被学术化。解构是对一种思辨欲望，即思想的欲望的指导，这是一种最基本的思想的欲望。那才是"他"的解构。那种欲望，像所有欲望一样，从一个相遇，一个承认开始。像60年代的所有的结构主义一样，如福柯，德里达承认世界的经验通常是一种无处不在的强制。在这个世界上即话语对我们的标示，甚至我的肉、身体、性都受到这种标示。德里达的论题，德里达的结论，德里达的欲望的根源在于无论无处不在的强制采用什么样的形式，都有一个可以逃离那种强制的点，我们将这个点称作为消逝点（point de fuite）。在这里，我想德里达的这个表达采用了最富文学意义的色彩。当然，消逝点是这样一个点，它逃离了强制性安排的规则体系。

在此基础上，我们之所以不停地思考，不停地写作，就是为了找到这个点，找到它并不意味着抓住它，因为抓住它必然意味着毁灭它。只要它正在消逝，它就不可能被抓住。我们将这个问题称为"德里达问题"，即对逃逸（fuite）的理解（或抓住）是什么？我们完全不能理解（或抓住）逃逸。但我们所抓住的逃逸变为消逝点。这里的困难在于，我们要不停地从头开始，这就是，如果你抓住逃逸，那么你就同时压制了它。消逝点不能被抓住变为消逝点。它只能被找到。

这就是德里达所谓的怪异（monstruosité）的姿态。这种写作的姿态，好比写作将手指蘸进白色的墨水里，刻意展现了那个消逝点，并同时让消逝点逃逸掉。你们并不能将其"作为"（comme）消逝点来展现，不能展现消逝点的尸骨。很明显，那是德里达最害怕的东西，即展现消逝点的尸骨，或者说，在其飞逝中展现消逝点。这样，你们就拥有了一种怪异的写作。我将之称作为定位化（localisation）。因为展现即定位。他说道："唰……或许它就在那儿……小心点！或许它就在那儿……别让它停下来……让它跑……"

德里达不是猎手。猎手希望动物停下来，以便他可以射击。或者说，为了可以让猎物不再飞奔。然而，德里达希望飞奔永不停歇地持续下去，以便我们可以在它那永无止境的飞逝中的所有亮光中找到那个"东西"（消逝点）。因此，消逝点总是不停地消失。问题在于，用原话说，德里达渴望所有的呈现都依赖于呈现（消失），在意义的丛林中，我们唯一可以定位的一个方面就是它那无尽的飞逝。

即便对消逝点的定位——千万别说是抓住，抓住意味着其死亡——在现实中也是不可能的。因为当消逝点在场所（lieu）中时，它总是外在于场所（hors-lieu）。这是在场所中的场所外部。它只有在这个意义上才存在，即当其在场所中时，它是外在于场所，因此我们不能准确定位它。你们希望展现它的逃逸，这是为了让你们必须纵深于那个定位其逃逸的丛林之中。当你们在其中漫步时，你们会发现你们无法展现它的飞逝,而只能从一个很远的距离看到其逃逸的景象:这是一个标签,一种空阔。它在它自己那里都是非常飘忽不定的。

最后,有什么让我们可以限定其飞逝的场所去更稳固地照亮丛林,或者说降低那里的晦暗。当你无法抓住其飞逝,定位化只是一种无处不在的强制,是对存在的限制,而不是可以涵盖一切的逃逸场所。因为如果是那样,你们就无法定位一切非在的东西。你们只有一般性的场所。但是你们为了尽可能更靠近其逃逸之处,那么仍然需要限定你们漫步的场所。换句话说,你们必须尽可能靠近将自己排除在所有场所之外,靠近站在场所外部的点。实际上,解构隶属于这样一种严格的弥散性操作,为的就是让飞逝的空间可以定位,就像绘图一样,可以这样说:那里有宝藏……或者说,那里有春天……在那里,什么不见了……但,轻缓地,轻缓地……否则,宝藏就会被盗走……春天就会干涸……我有一个计划,但很模糊,模糊得不会靠近宝藏……一只脚踏进宝藏,那宝藏就一文不值了……甚至机会都是危险的……轻缓的……

例如,你们遇到了一个重要的形而上学的对立,我们将会与其进行对话。因为严格的弥散的场所意味着没有质量地离开,没有线性的质量。二元对立不可能在任何场所中定位外部场所。因此,我们需要解构它们。我们需要拆穿它们。这就是解构的意思。基本上,解构是一整套操作,它导致了对飞逝场所，或者说对消逝点的场所的某种限制。再说一遍，这是一种反转的捕猎。在这种捕猎中，我们需要抓住的是消逝的健康的动物，抓住在一切场所之外的动物跳跃。那就是我们为何必须尽可能靠近它。但或许这个距离比我们需要射击的距离更近一些。因此，我们必须耐心细致地定位它。其预先设定了一个基本范畴，借此区分城镇和农村，山峦与峡谷，存在与实存，因此，格栅化的模式必须逐渐在范域中进行还原。

然后他发生了一系列的争论，即与海德格尔的争论，例如，存在与实存的区别的真实价值。当德里达概括出"延异"（différance）概念时，他希望设定一个简单的术语，可以在消逝点中激活存在与实存的区别。德里达任其飞逝，并在飞逝中以某种方式保留了存在与实存的差异的形而上学的对立，我们可以借助这种方式来理解差异，即在**其行动中**来理解。很明显，行动中的延异是站在位于存在与实存的所有对立的消逝点处的东西，它绝不能在任何意义上还原为那种对立的景象。这样，我们也必须以同样的方式来考察民主与极权的对立。或者来考察巴勒斯坦的冲突中犹太人和阿拉伯人的对立。当他以某种姿态介入在巴勒斯坦的冲突中犹太人和阿拉伯人的对立，他再一次解构了二元性。

其方法通常是找到是什么将场所等同于消逝点的疆界，这种方式与那种过早地将场所等同于一种划分、一种分区、一种澄清的方式截然不同。

德里达揭开了尘封的事物。

在他所涉及的所有问题中,德里达正是我所谓的和平的勇士。他之所以勇敢是因为他的勇气并不是踏进其所建构的划分之中。他之所以是和平的人是因为他认识到,可以让他自己摆脱二元对立的东西作为一般规则是通往和平之路。任何真正的和平都不是建立在已在之物的基础上,而是建立在非在的基础上。

这种势不两立的顽固,这种对突兀的形而上学地产生的划分的拒绝,很明显,其立即与那种笼罩在决定论式的规则下的时刻格格不入。这正是为什么德里达在 1968 到 1976 年那段红色岁月中,与真理分道扬镳。因为那些岁月的真理是用这样的字眼来述说其名字的:"一分为二。"我们在诗性的语言中渴望的是激进冲突的形而上学,不是对二元对立耐心细致地解构。德里达绝不会赞同那种态度。他自己绝尘而去。也就是说,他自己放逐了自己。

有一种对于德里达的巨大的思辨性的善意,事物在那里,并与他的表面上的耐心完全一致,甚至他同所有真实耐心的暴力并无二致。真的有某种东西和德里达所触及的东西一样。他有本讨论让-吕克·南希的书,题为《论触摸》(*Le Toucher*)。这是 2000 年之后非常精彩的一本书。正是在这本书中,"论灵魂",在这个意义上,这是他最精彩的亚里士多德式的著作。在这本书中,德里达试图重新描述形下世界同思想的关联。再说一遍，你们必定发现，是什么东西矗立在形下世界同思想的二元对立消逝点处。那是某种触摸。这种东西在形下世界中如此精妙，以至于无法从思想角度来认识它。

出于同样的原因，德里达逐渐对对话体越来越有兴趣。他同埃伦妮·西苏（Hélène Cixous）对话，同伊丽莎白·卢丁内斯库（Elisabeth Roudinesco）对话，同哈贝马斯以及其他人对话。尤其是他同一个可以称作女性的立场对话。或许，在同一个完全不同的立场的对话中，你们可以触及法则的逃逸，这种规则所设定的边界已经被抛到九霄云外去了。你们会在泅渡中触摸那个边界。这个泅渡与德里达的哲学冀望有着极深刻的渊源关系。

当我们欲望某物时，我们希望如何来对待这个欲望？非在、欲望，对非在的欲望，最终必须被记载下来（il faut le coucher）。比方说，在一张纸上的空白栏中记录下来。尽管我们知道它已经悄然离开。它已在他处。它已经走了。这就是德里达的渴望：即使不到一个瞬间，我们也要定位、触摸、扣住那个空间的非在，那个消逝点的消逝。记录下它逃逸的痕迹（ex-scription）。

这是违背哲学习惯的，因为非在（non-existence）的根基是虚无。如今，你们不能说，绝对不能说不实存（inexistence）的根基也是虚无。那个全部问题所在。这就是形而上学的错误所在，形而上学的唯一错误是无法弥补的。

最典型的形而上学的错误是将非在等同于虚无。因为那个点就是非在所在。那就是为何无产阶级作为非在，能够在其存在的基础上提出"我们什么也不是，我们将会成为一切"。那正是革命的定义：一个非在使用了其存在的多，为的是宣布在绝对的意义上，它将实存。为了使其发生，当然我们要变革世界，变革世界的超验性。

非在什么也不是。什么也不是并不意味着其等于不存在。什么也不是即以某种相对于确定世界和确定空间的特殊方式走向非在。这样，德里达文辞中那种乾坤大挪移式的特征变得清晰起来。他从"如果你说非在存在，那么自然不能看到：非在不在"转向到"如果你简单地说如果非在不在，那么不会看到：非在存在"。因此，不稳固的对立真的能从二元对立的立场上描述出非在的准确状态。因为你们总是从存在滑向非在，随后又从非在滑向存在。因而，在德里达的帮助下，你们的逻辑不再是在肯定和否定之间的简单区分。

我想这正是问题的关键所在。一旦你们用于操作的逻辑空间完全不再以肯定和否定的二元对立作为基础，那么解构就走到了尽头。我想这正是触摸之所在。当你们触摸某物，你们就是某物，同时你也不是某物。那正是爱抚的全部悲剧所在。涉及 个文本，或 个政治情势，爱抚在逻辑上与一个身体有关：即解构的观念，亦即触摸的观念。在触摸中，触摸与只能被非在和不可描述的消逝点所触摸之物分离开来。在触摸时,有两种不同的触摸者(actants)——主动触摸者和被动触摸者——这仅仅是触摸行为的区分,当然,触摸也将二者连接起来。这就是德里达最重要的大挪移,这个大挪移标示出并系留住非在。

德里达在语言中设定了这种大挪移。这是我要讲的最后一个问题。他试图说明所有真实的世界都处在挪移中。这个词不是一个指涉,也不是一个能指,它就是一个挪移,在存在与在之间的挪移。当这个词与非在一起滑动时,它便震响了本真。"拼死滑动下去,绝不纹丝不动"(Glissez mortels, n'insistez pas)①,我想这就是当他写下自己的词语时,他想要说的东西。那正是他为何受到如此多的批判。有时甚至我都被他那独特的语言杂技所激怒,他离经叛道,永远在他那华丽的辞章中滑动下去。但我们可以,也必须公正地看待他,公正地看待他在对非在的渴望中的怪异的挪移。你们必须通过让语言飘逸起来来展示消逝点。你们必须有一种飞逝的语言。如果你们用一种可以在非在的怪异中使用的语言的话,那么你们只能组织一种怪异的非在。这是一种飞逝的语言。在那里,正如热内(Genet)经常说的那样,"我的胜利是口头上的胜利"。

---

① 这里影射了皮耶尔-查尔斯·鲁瓦(Pierre-Charles Roy)的四行诗中的一句词"拼死滑下去,绝不趴下"(Glissez mortels, n'appuyez pas),不过鲁瓦写的是滑冰。

我最后的赞美也将是口头的。

受惠于德里达，我此后也会用 a 来书写"不在"（inexistence），即写成 inexistance①，这与德里达的"延异"（différance）的写法类似。基本上，这个词也非常近似于他在很久以前创造出 différance 一词时的意义。德里达试图用 différance 一词来记载非在。这种记载，即你们可以在写作中记载某事的那种记载。他试图在 différance 中将非在记载为一种写作行为，一种挪移。从他那里学到这一点，我也试图通过将 e 改为 a 来记载下非在，这意味着在非在的世俗方式中，存在并不能简单地如此还原。我们什么都不是，让我们成为一切。那是非在（non-existance）的要求。除此之外，别无他路。我要感谢雅克·德里达，因为他正是非在要求最谨慎的守护者。

注释：

这个文本是 2005 年 10 月 21—22 日参加巴黎高师纪念雅克·德里达的一次讨论会的发言。同时，我在加利福尼亚大学埃尔文分校也宣读过这个文本。另一篇关于我们关系的文本还要花时间来整理。一个关于我们之间分歧的文献已经发表了，这个文献可以在 1991 年由 Albin Michel 出版社出版的《拉康和哲学家》（*Lacan et les philosophes*）文集的附录

---

① 巴迪欧在这里显然指的是他借用了德里达对 différence 一词的改写，即写成了 différance（中文现在习惯上翻译成"延异"）。巴迪欧对 inexistence 的改写，暂时不好翻译成中文，直接按照法文来书写，即 inexistance，并且也按照巴迪欧的原文，将其中 a 用斜体标明——中译注。

中找到。这本文集是由哲学国际学院组织编写的。几乎在十年后,这让我们可以面对我们之间平等的公共联盟,因为,正像他对我说,"我们现在有了共同的敌人"。他的去世让这个可能的联盟搁浅了。

让·博雷耶（Jean Borreil，1938—1992）[1]

谈到让·博雷耶的著作，里面有某种无言而刺耳的东西，仿佛在他声音的力量中有着某种笨重的东西一样，我们并不能用"风格"一词来真正地理解这种东西。

除此之外，博雷耶对风格十分怀疑。在他的思想中，最不喜欢的东西就是一成不变、自大傲慢和保守持重。适当得体很容易变成一种风格。他写道："只要某种东西将自己用某种风格装扮起来，只要这种风格可以用一种华丽的装束来伪饰它，我们完全可以容忍任何道德秩序，甚至种族主义也不例外。"对于博雷耶来说，风格通常是一种将恶心之物装扮起来的方式。但或许他自己的整体风格是为了战胜傲慢自大。在他的思想历程中，或者说在其可笑但颇富权威的咄咄逼人中，他发现了一种独特的思想寓居于其中的温文尔雅的方式。

或许，我们可以从他赋予了质问（interrogation）一个非常特殊的角色开始。我说的是质问，不是问题。在博雷

---

[1] 让·博雷耶（Jean Borreil）是作家、剧作家和巴黎第八大学哲学系的教授。他的著作包括《游牧理性》(*La Raison nomade*，1993)，以及同雅克·朗西埃合著的《城市中的野蛮：人民的自动解放和19世纪的无产阶级的教导》(*Les Sauvages dans la cité：Auto-émancipation du people et instruction des prolétaires au XIX siècle*，1985)。

耶那里，这不是研究性解释学，而是那里有无数的问号，那些知识材料。那些问号向你们发问，甚至连作者也一起质疑，你们要总结这些问题，而且要在这些问题上打上点（faire le point），以描绘其在世界上所有经过的点和游牧的点，就像他所描绘的那样。这是在场所中的流放，也是所有独特性平等的原则。

他的写作充满着质问，但这并不是因为他的思想同其对意义和命运的宏大质问的断裂。相反，充满着质问是因为他邀请我们立即向一个内在的不可预测的停顿的方向运动。质问通常自信地伴随回答。在那里，这标志着回答就是我们必须移动的方向，这个方向不是已经现成在那里的未被揭开或隐匿的点。回答是一种共享时光的可能性。当博雷耶问道："什么是不可容忍的东西？"他立即回答道："不可容忍的东西就是激发出一种拒绝和反抗的东西。"当他谈到伊贝永（Hyperion）时，问道："为什么知识失败了？"他回答道："因为反思不能消除不和谐。"甚至有一则他的著名的轶事也是由质问引起的。他为了告诉我们昔尼克的第欧根尼①那个声名狼藉的创造，他用的是他的叙述

---

① 昔尼克（Σινπη，现属土耳其）的第欧根尼（Διογνης），古希腊哲学家，犬儒学派的代表人物。约活跃于公元前4世纪，生于昔尼克，卒于科林斯。他的真实生平难以考据，但古代文献中留有大量有关他的传闻轶事。据说第欧根尼住在一个木桶里，拥有的所有财产包括这个木桶，一件斗篷、一支棍子和一个面包袋。有一次第欧根尼正在晒太阳，这时亚历山大大帝前来访问他，问他需要什么，并保证会兑现他的愿望。第欧根尼回答道："我希望你闪到一边去，不要遮住我的阳光。"亚历山大大帝后来说："我若不是亚历山大，我愿是第欧根尼。"——中译注。

小万神殿

和质问。他问道:"这种哲学到底是干什么的?"然后他回答说:"第欧根尼在市场手淫。"然后他再问道:"我们从中得到的教训是什么?"他立即作出回答,假设他自己是一个小学生,被亲密而严厉的老师要求去思考,去为自己思考:"这个教训,对于那个时代的希腊人来说,就是这样一个新悖论:市场是我的房间,公共场所是我的私密空间。"按照他的质问,思想必须起锚,向那个不确定的海洋去扬帆远航。在博雷耶看来,思想为的是那些和所有人一样的类他者(quasi-autre)的人自己,而不是为了别人。从一开始,那种独特风格中的游牧式的景象,除了质问的规则,除了在质问和回答之间的插话,除了清晨的启航和夜晚的停止之间的中间过程之外,他不会肯定任何东西。

因此,他的思想风格与大海和码头有关。博雷耶总是认为思想的敌人正是其恰当的主人。城邦的主人,货物的主人,政治的主人,以及最终思想本身的主人。思想的敌人在这块土地上安营扎寨,它已经在恰当的感觉上变得十分舒适,他就是恰当的财产的主人(propre-iétaire)。与大海和码头相关的思想,放逐了那个恰当的财产的主人。博雷耶于是问道:

难道码头不是那些将自己的拯救放在城邦的拯救之前的商人们和"资本家"们的地方吗?难道码头不是卖淫和与阳光(阳光下的白昼充满着其光芒下的市

场中喋喋不休的争吵）完全相反的夜的地方吗？简言之，难道码头不是大都会（尽管是世俗的替代品）的图像吗？

按照博雷耶的看法，问题在于思想与一个游荡而艰难的流线相伴，思想绝非一个可供操作的固定点。没有任何观念的阳光的照耀，思想在黑夜中打下点（faire le point）。在根本上，思想没有那种垂直照射下来的光的照耀，一个思想只是在平等的纯水平面上运动。

现代城市是内在性平面的聚集。博雷耶说："一个城市，纯粹是一个表面。"或换句话说，"海德格尔主义同诗的大陆"的明显的对立："城市的地平，在毫无意义中四处肆虐横行。"乔伊斯笔下的都柏林，"没有一处"可以让这个现代作家证明他比别人更喜欢或者更多解读。

我会说，思想必须避开两个东西：循环回路（boucle）和过于突出（surplomb）。只有避开这两样东西，我们才能相信思想在水平面上和其他类似的点，与其他人完全平等。

在博雷耶那里，避开循环回路有很多形式。我们首先说的是思想必须在一个具体的基地上前进，并预先设定没有一般性的运动可以让其返回到假定的原点。事实上，我们所具有的是一个具体的灾难，即所发生的事情，我们在其面前几乎熟视无睹。思想尽可能让自己自我适应。他问道："我们何以能让言说对一系列灾难缄口不言？"这种自我适应就是建立其一种风格，这个风格从一点前进到另一点，在作为一般性参照时，看不到一点点问题。在这个方面，这一点极其明显，即他进行参照，创造一个恰当的名字时，他所应用的是一种真正的风格。这里，我们有一种最大的不可能，一个震惊，一种名字的失窃。除此之外，他说，"我们必须'有一种同哲学史的关系，这种关系并不是博学的关系，而是如果不是失窃的话，这是一种扭曲和理解'"。

回到哲学史，但哲学史并不是唯一根源。我们**无法回到伊塔卡**（L'Impossible retour à Ithaque）①。我们从《荷马史诗》和《奥德赛》开始，以及在《崇高的特征》（*Traité du sublime*）中的批评开始。因为博雷耶知道很多东西，他似乎知道一切。于是，那些东方的主题，那些朴实的主题，瞬间让我们转变了走向荷尔德林（Hölderlin），走向克莱斯特（Kleist）的话语和方向。

在这个背景下，我们可以看一下歌德和席勒。作为思想运动的旅程在这里更为敏锐："旅程是一个灾难。"这种解构已经宣布："同样的返乡问题，但那里再没有故乡让我们返回。"于是，我们问道，是什么让尤利西斯的返乡成为可能，尤其是在塞壬女妖的那段关键时间里，那会将我们

---

① 伊塔卡是荷马的史诗《奥德赛》中英雄尤利西斯的故乡，在特洛伊十年征战结束后，尤利西斯和战士们一起返回故乡伊塔卡，在路途中历经各种磨难，并最终返回到伊塔卡。——中译注。

带向一个以前从未预见过的地方：答案是米歇尔·福柯。这涉及穿越苦难和死亡。在极具扭曲的形式中，我们读到了这个中心词，即他的另一个质问和回答："当我们穿越了死亡后我们还要做什么？回家。"穿越死亡和回家之间的联系使我们想起了黑格尔，正是他领着我们跳过了停止和定位，跳过图宾根走向伊贝永，走向荷尔德林，走向对升起的太阳的颂歌。最终，在乔伊斯的城市地平中摒弃了地中海的景象。

关于这一点，没有什么东西是恣意和笨拙的。点到点的航行拥抱着海岸，它们守护着他们赢得的东西。除此之外，再无他物。博雷耶的思想风格采用了兰波（Rimbaud）格言的方式："守护着你还没有赢得的东西。"只需要借助这个，我们就可以抵制住塞壬女妖的魅惑，拒绝了整体性的诱引。

他提到乔伊斯，但乔伊斯只是他航行中的一个浮标："既不是反思性的语言，也不是意识的奥德赛之旅，而是莫利·布鲁姆（Molly Bloom）的独角戏。"独角戏是对循环回路的回答。需要理解的是，在那个意义上，从他自己那里走向了对自我改变的肯定。这是一场失去恰当的安逸，没有未来的终点，也没有类他者认可的独角戏。

他的原则是，我们没有家可以回，那里只有失去，失去的是我们现代的自由，如果我们这样走下去，这个自由就是对循环回路的断开（débouclée）。我们将这样前进：

"我们不会回到伊塔卡。我们不拿回我们失去的东西是为了再一次发现我们自己，为了拿回我们失去的东西，这就是我们全部的点。"他又一次指向了兰波，兰波说，"我们不离开"。博雷耶宁可这样说："噢，我要离开！"问题是我们不是回家（revenir），我们也不在回家的路上（en revenir）。但是另一个陷阱需要我们避开，这个陷阱就是过于突出。对于博雷耶来说，思想的风格是对普遍性的复制。因为普遍性不过是一种以恰当的方式伪装出来的傲慢，这是一种西方式的恰当。这界定了两种不同风格的赌注：一是诗文的独特性，另一个是相似性和共享的天职。为了直接到达关键问题处，我们遇到了成堆的问题：

我们如何对待这些并不相似的人？我们如何对待被这些言辞掩盖的不幸？我们如何发现对于连续不断的灾难，连续不断的解构中什么是不可容忍的？哪一个词我们试图将其保留下来，因为它不是循环的，仿佛他们说非洲的西方，如果不是太"无聊"的话？

很快，答案以命令的形式给出来了："我们必须和那种表达出一种傲慢的普遍主义打赌，但必须坚持在所有人中的平等的优先性。"这个命令将两个赌注结合起来，两个赌注自身都非常危险，但它们两者的连接更加危险，这主宰着他的整体风格，那种质问，那种具体的航行、码头，那种前所未见的道路，天空中塞满了星罗棋布的名字，那种固执，那种独角戏……

事实上，这是思想吗，或者说，这是一种无尽的展示吗？博雷耶说道："思考多元性或许是不可能的。"如今，多元的思想事实上是平等命令的内容，是普遍主义的复制。让我们说，他的风格是对多元共同的展示，多元本身就暗自被一种不可能的思想多元化了。这个文本，被这种紧张关系所主宰着，必须保留某种偶然性的东西。它必须是偶然发生的轨迹，一种相遇的轨迹，也是踏破地平线时记录下来的轨迹。

我向其致敬——我引述他的话——"一个凝视的偶然性本质并不决定什么东西值得看，什么东西不值得看。"

他思想的风格让这种悬而未决性变得很明显。这种悬而未绝不是不决定，而是一种分叉的轨迹，是诗文飘浮起来的具体的历险。于是，最后我们并不在我们设想的我们将要去的地方。我们已经被破坏了，仿佛一个在迷雾中飞行的航班，我们飞到了陌生的领域。这也意味着我们在家，仿佛这种变化向我们揭示出恰当的东西的不恰当性，本土的异在性，意味着所有回路的打破和所有过于突出的不可能性。

我记得那时，当我同让·博雷耶在政治上剧烈争吵时，将那时的术语抛在一边，我想他真的批评我在决定哪些东西值得看的问题上走得太远。问题是，总而言之，他的思想风格并不是那种普遍意义上的政治学。同时，他也不是一个普通的哲学家。他是哲学家，但不是哲学的哲学家。他看起来更像是一个见证者。在他的思想中，独特性和类似性之间的平衡太完美了，几乎难以找到。相对于概念的奥德赛的无目的的点，他更感兴趣的是找到一个具体点，一个大都市的码头，在那里，我们能够听到——恰当地听到——他者的话语。当谈到弗朗西瓦·夏特雷（François Châtelet）时，他常说："尊敬和不尊敬：那是一个聆听他者的理性的非浪漫的方式。"

最后，那正是他关心的东西：思想的非浪漫的方式，消解了概念中的所有的英雄，一种得到保障的耐心，一种兄弟般的耕耘。我会让他以克劳德·西蒙（Claude Simon）的方式，也是他自己的方式得出结论说，他希望思想的写作要做什么：

> 站在中心舞台上，为的是打断它，或许在一个无名的国度，以十月风潮的方式，剥去它们叶子上的藤蔓，将那个新娘剥得精光，并在一幅画中展现出来。

注释：

1993 年 6 月 13 日，我在哲学国际学院巴黎高师组织的一次纪念让·博雷耶的研讨会上宣读了这个文本。后来这个文本在 1995 年被 L'Harmattan 出版社出版过。

拉库-拉巴特（Philipe Lacoue-Labarthe，1940—2007）

正是他，让所有东西都有了一种特别的深度。这种深度既非哀惋，亦非黯淡。我会说，这是一种深深的诚挚，就如同我和他的友谊一样：那时残留至今的一些记忆的片段，虽已过去了许久，但仍然对之铭记于心。的确，那就是我心目中那挥洒不去的拉库-拉巴特不灭的形象，他的形象仿佛是一个没有同伴慰藉的怪人，他之所以是一个孤傲不羁的人，是因为世界尚未成为他的世界。他那恒久而深刻的孤傲印象正是因为，对我而言，我对他的思想的解读和理解都是绝对亘古不灭的。

他信守了海德格尔的格言，尽管他的理解有些变样，即思想的本质就是追问。他之所以信守这句格言，在我看来，因为两个问题，他拒绝了所有的所谓哲学"问题"，尽管在他的不断尝试之中，这些问题仍然是哲学"问题"。一个问题是奥斯维辛的问题，是的，这是一个被反反复复提及的问题，但与阿多诺不同，我们在这里将这个问题作为去准确评价奥斯维辛这个怪物同包括海德格尔在内的西方思辨传统之间关联的立足点。第二个问题与第一个问题有关，但又有所不同，即诗的问题，也是诗本身的可能性的问题，比如诗在非诗性范围内的含义，即其零星散落的本质,我们通常也称之为生成性的笔调(devenir-prose)。一言以蔽之,他的问题位于我们所处的历史时代的两极之间。一极是迫害性政治和创作宏大艺术的意愿的同谋关系,这种同谋关系是通过艺术作品的模仿性主题组织起来的。另一极是逃避的诗性可能,即一种描绘出逃避所有的划界的意愿和所有宏大的意愿的艺术。只有在所有的宏大艺术之外,这种艺术才能存在。在这二者之间,我们可以思考戏剧、毁灭和救赎的难题。

在我们所有人都寓居于此的这种明显的空间中,他坚定地奋斗于这两个问题,这两个问题十分突出明了。我们在那里可以看到他那独树一帜的风格:其声音既尖锐且洪亮,但同时亦不失温和,既像是拥抱,也像是限制。在这个层面上,他超越了海德格尔追问的视野。

为了去彻底发掘出他那怪异的思辨谱系中的模仿性和神话性,我们必须从他的话语中来看待他对宏大艺术的批判。这意味着我们需要超越尼采所直觉到的瓦格纳对情欲的损伤。我们需要看到,不仅仅是瓦格纳派,也包括瓦格纳的敌人,或者那些想超越瓦格纳的人,都沉溺于一种与政治幻象有着暧昧关系的艺术幻象之中。因此,从谱系角度而言,我们这一代人是垮掉的一代。菲利普·拉库-拉巴特有两种重要著作:《音乐幻象(瓦格纳的形象)》〔*Musica ficta*(*Figures de Wagner*)〕和《政治的幻象》(*La Fiction du politique*)。也即是说,瓦格纳成为拉库-拉巴特思索的第一个问题的最典型的名字。幻象问题，就是一种有效运作的思想上的法西斯问题。

那么，对于拉库-拉巴特的另一个问题，即诗的问题，要去跳出海德格尔那伟大的经典的解释，因为海德格尔的解释即便是其痛苦的高度上，也仍然陷于那种宏大创作的陷阱之中。而在这里，荷尔德林（Hölderlin）和保罗·策兰（Paul Celan）成为关键性的问题。

我那位已逝故友极为精到的分析令人艳羡。尽管这些问题有些过泛，但他总是能够将这些问题精准地定位到一定的位置之上：如一个任务，一个短语，那些看似毫无关联的作者之间令人惊奇的联系，一个片段……他用他那冷静而沉稳，并极富睿思的方式劝诫我们说，这才是时空之中真正的位置，即在这个世界的诗文中的碎片之中，我们能够汇聚起这些追问。而他的最艰巨的任务，以及他最重要的哲学祈望之一就是将荷尔德林从海德格尔的囚笼中解放出来。在那种强劲的解释学之下解放海德格尔，在某些人看来这个界定有些悖谬，但这似乎是这个诗人的第一个发现。而第二个发现，荷尔德林，才是菲利普·拉库-拉巴特的豪情可能留下的铭记。在他的文本中的另一个地方写下了这样一个片段：他对策兰的诗《托特瑙堡》（"Todt-nauberg"）中所言说的东西和所隐匿的东西进行解读和阐述。我们知道，这里海德格尔与策兰相遇了。对于这首诗，菲利普说，"这很难算一首诗，准确地说，这是一种生成性的笔法，这种笔法超越了一切形式，即在诗性的体验和创作宏大诗歌框架的意愿之间划开了一道深深的鸿沟"。要理解这种转变，就是理解一种拥护怪异变化的诗性超越。关于这个问题，菲利普还有另两本著作：一本是《现代的仿品》（*L'Imitation des modernes*），里面有一篇《思辨的顿挫》（"La Césure du spéculatif"），这篇文章可以说是近几十年来最令人叫绝的作品之一；这本书中还有一篇不那么激进的文本，即《荷尔德林与古希腊人》（*Hölderlin et les Grecs*），这本书对于那些去研究哲学、戏剧和诗歌的命运的人来说是必读的圣经。另一本书是《作为经验的诗学》（*La Poésie comme expérience*），最后在这本书中，我们可以看到策兰的孤傲和痛楚。

  我在这里想说明的是，我在加利福尼亚一接到菲利普逝世的噩耗，我就给让-吕克·南希（Jean-luc Nancy）写了封信。我认为我自己对菲利普的悼念具有两个意义：既是悼念他给予我的所有诚挚和深刻的东西，也是悼念他还没有能够给予我的那些东西。因为这一点很残酷，一旦他在对这些问题的澄明上不再是单打独斗，他就无法继续给予我那些东西。用一句话说，这是在我直接悼念之外的一种潜在的悼念，就如同一种额外的痛楚一样。

  关键在于菲利普曾不断思索这些问题的未来。他并不是一个对其承诺絮絮叨叨推迟兑现的人，他完全不是这样的人。他的言辞果断干脆，陈述清晰锐利，仿佛掷向一潭死水的小石头。他的那些陈述、那些言辞，通常不能得到充分理解，甚至得不到丝毫承认以及尝试性的支持。不过人们迟早会理解在他的思考和写作实践中那些断断续续的精细的布局。我的哀悼也将带着那些明晰的冀望活下去，我将饱受这些因其而逝留下的词句（他的逝去封闭了某种我们或许不能理解的东西）的磨砺，让这些词句激活并转生。我在这里引述一些菲利普·拉库-拉巴特的"言说"，尽管这些"言说"的真理需要在今后超越当下的情境得到清晰的澄明。

在《世界的仿品》中："悲剧来自于可以模仿的废墟。""希腊的复兴，意味着我们完全不再是希腊人。""海德格尔的政治罪行是对悲剧的摒弃。"还有这个，我们至少从中可以读出我们的痛楚："上帝死了，翻译过来就是：上帝就是我。"

在《作为经验的诗学》中："所谓诗的阐述和言说就是那种作为诗需要挣脱的东西。""诗学就是艺术的中断。""所有的诗通常都是美妙的，尤其是策兰的诗。"还有这个，在今天，能够得到特别的共鸣："艺术终结之后的艺术展现了展示的痛苦。那或许就是快感本身。"

在《音乐幻象（瓦格纳的形象）》中："没有美学或艺术实践能够宣布它们在政治上是无辜的。""瓦格纳的音乐就是一种赋形音乐。""（它让我们去）笨拙地将艺术和政治绑到（或再次绑到）一块。我们还需要去摧毁那种绑定艺术和政治的形象。"最后，尽管菲利普谴责了瓦格纳，我们将认同这位他矛头所向的人物，认同那位任性固执的魔术家一样的先辈："瓦格纳赋予他们后代一个不可能的任务：继续他所完成的事业。"

如果要从他的众多投向思想的未来的言述中选择一个最重要的话，或许会是这句话，这句话我曾引述过多遍，在纯粹今天的历史之中来看，这句话听起来更像是一种警告，这句话如此明了，也突兀得让人难以接受，这句话就是"纳粹是一种人道主义"。

无论我们赞同与否，我们都要去面对菲利普定义了的瓦格纳式的瓦格纳："继续他所完成的事业。"与他不同的是，我必须提出，伟大的艺术并非都是以神话为奠基，而神话的法西斯主义的原型无非是认为海德格尔的宏大艺术的创作意愿绑架了荷尔德林，在经历了长时间的扭曲之后，事实上，瓦格纳的真实目的仍然未竟，仍然超越于我们的时代。基本上，拉库-拉巴特对海德格尔对荷尔德林的肯定持否定的态度：这是一根业已腐烂的历史建筑的支柱。于是，沿着他扔到他自己前面的小石头的路径，他作出的回应，我们的继续前进，以及我们在友谊限度之内的争辩，都如此悠远深长。但斯人已去。在今天，我们完全可以说悼念他所赋予我们的东西，也可以友好且坚定地悼念那些争论以及他提出的其他东西，即那些未曾发生的东西，以及他将会赋予给我们的东西，这些东西就像中奖一样，即那些他向他自己讲述的秘密。

注释：

  2007年2月17日，在蒙特利尔礼堂举行的纪念我那位刚刚逝去的友人仪式上，我宣读了这篇悼文。后来，这篇文章和其他的悼文经过Lignes出版社的编辑米歇尔·素雅（Michel Surya）编辑后结集在《路线》（*Lignes*）杂志2007年第5期上。

吉尔·夏特雷（Gilles Châtelet，1945—1999）

我们可能忘却他的方法，并将他的文章置之不理吗？我们有可能认为他那繁芜而热切的笔法同他既有所保留又颇具侵略性地悄然靠近思辨空间的方式是毫无关联的吗？我相信不会。我想在这次讨论会结束的时候说：吉尔·夏特雷的作品完全不同于任何一位随笔作家的作品，也并非那种认识论学者的作品。认识论学者将科学塞到科学史之中，又将科学史塞到一个与哲学毫无关联的对象之中，非常粗暴地扼杀了科学的生命力，也让科学丧失了理解哲学的能力。夏特雷会以各种不同的方式说："向认识论开火吧！"其中一个方式就是呼喊"哲学万岁！"他会这样说，是由于他是一个数学家，也是一个物理学家，同时也是历史学家以及一个哲学家。他会这样说，也是由于他是带有悲剧色彩的同性恋，并染上了令人扼腕的绝症。当他这样来言说时，他是在谈他自己的直观感受，他把这种直观感受叫作"一目了然的酷儿"，这种直观感受也是一个病人的直观，对他来说，概念的生命在于思想同死亡的赛跑。当他说"向认识论开火吧！"时，他在科学和哲学之间编制了一种稀薄且可逆的关系，他称这种关系叫作辩证法。或许，他说"向认识论开火吧！"首先意味着思想或者科学思想，需要在身体的姿态能力（la capacité gestuelle）之中来理解。而对这种姿态能力的解释需要一种由黑格尔和谢林建构起来的那种不朽的沉思。我们需要从最亲密熟悉的姿态，最雅致的代数式的写作，前进到普遍的运动那里。这就是为什么我们不能将吉尔·夏特雷的文本同他独特的身体能力分开，也不能同他那带有挖苦讽刺色彩的傲慢的声音分开（这种分开的态度就是一种对他的东西最可鄙的滥用）。在他的身体和文本间，有一种风格，这种笔法让他既是一个带着手枪的枪手，也是一个编织细活的纺织工人。

我们可以把他存在与思考问题的方式的假设推进一步，让吉尔·夏特雷精疲力竭的是他过剩的身体，对自我的过度关怀，他过于内向，不够辩证，这让他不能进行苍劲有力的写作。同时，降临在他身上恐怖的悲剧以及他的羸弱，都无法让他的身体好好地去写作。而这个情况糟糕到极点。算了吧。我认为他那经过仔细思索过的身体与写作的分离，在以下意义上具有一种浪漫色彩的诚挚：他的身体必然会随风消逝，因为它已经不再与思想保留一种生气蓬勃的张力关系。是的，身体随风而逝，因为我们不能从辩证法上来把握它。

于是，我们扪心自问，在生死关头，辩证法对他来说意味着什么。在他的《运动的赌注》（*Les Enjeux du mobile*）中，他准确地下了一个定义：

辩证法并非两个预先存在且相互对立的两个项的中立的综合,而是去发现一种关联(articulation),即这个关联展开了那种突然作为"边界"(côtés)出现的维度。

"关联"一词是夏特雷的关键能指。它假定了一种统一操作,这种操作对所有二元性的决定来说是一种预备;事实上,辩证法是"一分为二",而不是"合二为一"。我们必须理解的是,大写的一(UN)不过是对这种关联的潜在的操作的一个层面,在大写的一同二(Deux)分离之前,这种关联依然存在。这就是为什么吉尔·夏特雷可以,也必须不断地回溯到德国浪漫主义时期的自然哲学那里,那些自然哲学关心磁力的两极,相互吸引和相互排斥,还有电极以及选择性亲缘关系。

如果我们要很好地理解他的思想,我们也必须回溯到那个复杂的层面上,回溯到那种关联亦即二元性的活力十足的探险,回溯到他对科学运行时的核心直观感受,在那里,科学展现了在自然中的斑斓。我们需要举几个例子来说明这个问题,即这些有名的发现:奥雷姆(Oresme)的图示,格拉斯曼(Gressmann)的四边形,泊松(Poisson)的潜形分布,阿尔冈(Argand)的侧面。这些在学术上的近似并没有构成什么科学史,这仅仅是用来去思考一首科学思想的史诗。在吉尔·夏特雷那里,他总有一种渴望,即不要站在科学之外来说话。是的，他的目的是重新发现和书写一种知识的主观性，这并非传授知识时所采取的姿态，而是当知识仅仅得其所在（chez lui）时才具有的姿态。而"得其所在"的科学的主观性就是辩证法，就是思想的生命力。

当然，在吉尔·夏特雷的论辩中，他将诅咒的怒火投向一切死气沉沉的东西，一切静止不动的肮脏的表现。他在公共领域雄辩中的胜利遮蔽了他的核心成就，这无疑是一个遗憾。他的挑衅经常招致误解。我们应该记得，这些在论辩上令我们欣喜的成功，并没有给我们这位亲密的朋友太多内在力量和快乐，相反，我们不能忽略这个事实，生机勃勃的论辩是浪漫辩证法的本质要素。因为，如果我们深入地让那些开创性的观念得以展开，那么我们就会同匀质的时空理解进行不懈的斗争。他宣称二不可分离，同时他在对他人进行精神侮辱时花样百出，吉尔谈到了"积极方面和消极方面令人暴躁不已的碰撞"，以及他感到"将多个部分的匀质并列实在是无足轻重"。他坚决拒斥连贯性的观念，他谴责这是"变迁和空间的奴隶制度"，还有，他对"连续性"的陈词滥调颇感不满。

唯有当我们消除了在排序分类、排列和对称分布上的连贯性，我们才能进入科学知识的内在运动之中。与笛卡尔的那种部分间匀质并列的广延不同，我们在这里联想到的是柏格森和德勒兹。时间上的错综复杂性优先于空间上均匀延展,非交换律优先于对称性,褶皱优先于匀质并列。如果我们了解了这些,如果我们使用了他的雄辩能力和精妙的分析,那么我们就会看到,所有辩证的二元论都是褶皱的、关联的、异质性分化的。我们知道(这也是他的一个著名的论断),"所有的二都不可避免地与包络它的东西纠缠在一起"。我们在这里的收获是,我们将会获得谢林所谓的关联上的"亲和力"(tendresse)。就是在这里,吉尔·夏特雷作出了他最惊人的举动,即他创造一种抽象的诗学,同时又不丧失丝毫其严格性。总是有些时候,在那里,他向我们展现了内在的且强大的点,这些点可以将游离不定的东西变成一个新方向,也正是在那里,科学的直观感受是一种可以一分为二的途径。

例如,格拉斯曼对非交换律代数的辩证特质作出了精彩的证明。正是因为不对称,表面上的不连贯性始终萦绕在一种概念几何学的周围;同时,这种几何学又不失代数上的严格性,即代数字母本身成了几何性,它们在其中翩翩起舞,于是数学家们可以创造性地获得一种新的运动学。可以引述他的这段话:

> 通过将代数字母的自由式的翩翩起舞同一种其内在回路可以自由变型的连续统联系起来,几何学家获得了新的运动公式。

当然，获得新的运动公式并创造一种新的运动几何学是代数的格律之一。我们可以看到，这也是生命的格律之一，毫无疑问，这同样是吉尔·夏特雷思想中最伟大的方向。这种新的运动几何学不仅与他博采众长的科学创造的手段丝丝入扣，而且这种几何学也可以很好地应用到那些活生生的身体的天赋之上。准确地说，这是因为浪漫辩证法本身就是身体，而这一点在他最光辉的篇章中得到了很好的揭示，也正是在这一点上，观念获得了方向。

我想在这里再唠叨几句，我相信，我们的这位朋友的思想中有五个金科玉律，它们与身体生命力的可能的范围有着某种关系。一言以蔽之，这说明了为何吉尔·夏特雷不是一个认识论学者，用他的话说，任何关于科学的陈述都必须转换成生命的金科玉律。

1. 首先，对于吉尔·夏特雷来说，第一个问题并不是思辨的信念，也不是科学哲学中的主题。我想我会说，这是一种实存上的，甚至可以说是政治上的确定性，因为这就是浪漫辩证法本身：思想根植于身体。身体可以被看成是动态的空间体。当谈到胡塞尔试图寻找至关重要的在计量测度之前的几何学起源时，吉尔·夏特雷说："思想的起源就是几何的。"倘若没有从行为上对空间进行展开的话，所有的思想在空间和行为中都被扭结在一起。在这个问题上，他关于生命的格律可以这样来书写："展开空间，公正地对待你的身体。"吉尔·夏特雷喜欢参加夜间的聚会，也正是遵循了这条生命的金科玉律。这比其本身看起来更具有禁欲的风格,因为,至少对夜间欢愉空间的构建与对其赞同在责任上是一致的。

2. 如果我们可以将所有潜在的关联都加以实现(也是让其都表面化),这也是他设计的主要原则,只有这样,我们才能找到思想的几何学起源。几何学并非是笛卡尔式外在的广延,而是一种释放与浓缩的渊源,即一种运动变型的行动语言,一种真正的身体性的潜能。因此,我们必须从一种空间的内在性角度,以及从运动变化的内在价值来思考,既是挑衅亦是伴随的行为举止。

在生命的国度,我们应该注意到,孤独和内向或许就是一种外在于这个世界的异在(altérité)的主观本质。吉尔·夏特雷阅人无数,但在那些泛泛之交中,孤独和逃避是大剂量的但最终无疑是致命的毒药。

3. 潜在的连续性通常比不连贯的部分重要,如科瓦雷(Koyré)的"切口",库恩的"科学革命",波普尔和拉卡托斯的"证伪",都是不连续性的信徒。尽管这些人都互相争论,但吉尔仍然将他们看成一个整体,这个整体是与另一种思想的具体化方式对立的。

这就是为什么"历史的观念"会跳出不同的旋律来:这些都是一种不连贯性的旋律,如"切口"的旋律,"范式"的旋律,以及他们彼此间争辩的旋律,因而那些被深埋起来的问题总是可以被随意地激活,对于那些唤醒了这些问题的人们来说，这就是一个无穷的宝藏。

对夏特雷来说，思想史从来就不是写就了的，或者预先就时代化了的东西。在连贯性时间中，思想业已沉寂。在那里，不再会有什么独特性的东西被激活，那创造性的潜能也被锁定在匀质时间的十字架上。

时间和生命的信条是："叫醒你这个睡着的孩子吧，就像叫醒美丽的公主的王子，这一点无可置疑。激活你的潜能吧。"在生存的国度，我们所谓的"唯物主义"表明潜能业已油尽灯枯，这就可以理解为什么吉尔·夏特雷希望为唯物主义注入孩子般浪漫唯心主义的力量，以对抗笛卡尔那匀质部分并列的广延空间。

4. 在"未分化的中心"（centres d'indifférence）中，存在向思想（既是科学思想，也是哲学思想，两者是一回事）浮现了自身，这个"未分化的中心"掌握着包含所有可能的分裂的模糊状态（ambiguïté）。这种辩证的模糊状态因空间上的明晰状态（évidence）的崩溃造成，相信这种明晰状态能够找到自己的方向并规划自己的道路；在这一点上，未分化的中心，即那些颠三倒四的场所，那些颠簸不平的空间，对这些分裂性的理解和直观感受都被融合到悖谬性的思想张力之中。除了"那些最具模糊状态的我们不断组合进行理解和直观的点之外"，我们不会找到任何东西，也无法揭露存在于那简洁明了的不确定性之中的东西。

这一次，我们可以说："让我们纵情于模糊状态之中吧。热爱那些扰乱我们秩序的东西，即便那些东西会将我们化为灰烬。"

5. 思想的高度组织通常是贯穿的中轴和边际结合的结果，这样它立刻围绕着中轴和正统性组织起来，因而也抵制着边际。只有这种布局（dispositif）——即中轴的"合法"权力和对边际的抵抗——才能理解杂多（multiple）或者多样性。那什么是杂多？最终，很多人认为，杂多是边际对线性中轴摧毁后的结果。夏特雷谈及了格拉斯曼的"对广延的俘获"（capture de l'extension），他解释说：

> 广延理论提供了一种孕育连贯性的多元的温床。即在这种理论那里，多样性不能理解为一种在广延之中的梗塞式的多样，而是要从系统上来理解：即它必须是一种连贯的变型的结果。因此，那种模糊状态需要连续地，最坚决也正统地，史诗般的前进，最终上升到一种最高的行为状态，这种行为可以对形式进行切割和揭露。

于是，我们可以看到：借助这种坚决的行为上的处理，思想获得了对边际的最强的抵抗，并形成了一种"连贯性的多样"。对存在的理解并非是具有各种独一性意义的伸展与汇聚，而是召唤（或许这是最重要的一个词）出各个层面在辩证法上的不可还原性。在那个意义上，思想从来就不是从某边际来组织意义，就如夏特雷这样谨慎小心的人，都反复记得需要从字母和纯粹代数学角度来思考。但是这并非思想中最大的问题。最大的问题在于对独特性维度的理解能力；为此，我们必须发明一种命名（notation）方式，让其超越在字母的力量之上。

与此相关，浪漫唯心主义告诉我们，要找寻的不是生存的意义，而正是对独特性维度的理解。去生活，就是去创造一种未知的生存维度，因此，正如兰波告诉我们，"让眩晕固定下来（fixer des vertiges）"。毕竟，这正是我们从吉尔·夏特雷的生与死之中学到的东西；我们需要眩晕，但我们也需要赋予眩晕一定的形式，或者用个什么词来固定它。

这是因为，眩晕事实上是浪漫辩证法试图在理性的中心去找寻自身，在某种程度上，理性是一种创造，因此也是自然力量的碎片。是的，吉尔·夏特雷经常去研究那些我们的理解在其中来回震荡的区域。在那个中心，本来没有什么区分，而我们往往借助这些区分来找到最有力的确定性，而这种确定性需要最难以撼动的决策。无疑，这就是最醒目的哲学元素，即构建一种关于模糊性、眩晕和震荡的辩证法。这并不是让我们迟疑，而是相反，正因为那里的真实是不对称的，因而这才是无法撼动的决策。

当然，在模糊性和决策，无分化状态和不可撼动性之间的关联中，我们可以看到吉尔·夏特雷的渊源和思辨谱系。我以同样的方式画出一个树状家族图谱，可以将之清晰地回溯到古代。

1. 德勒兹，他试图在科学中寻找科学功能的多义性和丰富的创造力，在一个参照系的平面上来过滤混沌式的潜能。

2. 谢林，他试图思考直观的直观，即一种在艺术和科学之间的交互性的模糊区域。谢林拒绝了黑格尔的概念，因为他的概念太过形式化，也过于东拉西扯，过于包罗万象，也太过自信。

3. 莱布尼茨，对潜能之力进行思考的思想家，也是"连续性的迷宫"的理论家，也是提出察觉不到的分歧和边际共存的思想家。莱布尼茨明确地反对笛卡尔的部分与部分并列的广延空间。

4. 亚里士多德，他发现了去思考权力的权力的需求，他强调了潜在，即那些尚未是其所是的东西。亚里士多德提出了自然动力论，提出了不可还原的独特性，提出运动是物理学存在的第一特质及其展开。亚里士多德拒绝从柏拉图静止不动的现实性理念出发来考虑问题。

所有这些零星摘取的片段都在浪漫的辩证法中进行运动和偏移。其风格风趣而果断，但同时也淋漓尽致、错综复杂，带有一种极富争议性的抽象。在他那内心最本质欲望的驱使下，他摧毁了康德的先验美学的布局，因为康德的先验美学假定了空间和时间之间粗野的割裂。尽管他必然带有相对主义的色彩，但夏特雷的思想奠基在现代代数几何和动力系统理论之上，他想追问的就是我们在褶皱的空间中发现不存在分化，以及一些纽结点可以让其被"行为姿态"的结果，因而也是让其成为万物间的一瞬。

让我们再说一遍，我们要去发现，去保卫我们身上的一种潜能，即我们有能力将当代商业化空间看成暂时的现象，我们知道我们思想及身体仍然可以有所作为。这正是隐藏在吉尔·夏特雷的非认识论背后最重要也是最迫切的问题。

我们需要向他学习，在他那里，一个问题贯穿了从非互换律代数的图示到波动机械论的"树狀结構"，也贯穿了从亚里士多德到德勒兹的思想。这是一个重要问题，也是一个麻烦的问题，这个问题真正地将未分化状态同不可撼动的性质结合起来。这是一个守望者的问题，这个守望者在空间中听到一个行动的声音："谁去那里？"他问道，问他自己："谁去那里？"真的来说，他给了我们好几个答案，也是好几个回答他问题的方式。为了真诚地对待这位朋友，我们将会去作出选择。

注释：

2001 年 6 月 27—29 日，我在国际哲学学院召开的纪念吉尔·夏特雷的会议上宣读了这篇文章。这次会议的主题是"吉尔·夏特雷问题：行为姿态的解放与可见的部分"。在这个会议 5 年之前，我曾在《现时代》(*Les Temps modernes*) 杂志 1996 年第 1 期的一篇评论中讨论过他的主要著作《运动的赌注》。

弗朗西瓦·普鲁斯特（Françoise Proust，1947—1998）

总之，在她的魅力中有一种淳朴，在她的轻盈中有一种力道，在她的纤巧中有一种锐利。

我曾写下几个关于她的笔记。一段不长的时间之前，我又在她的淳朴、她的力道、她的锐利下写了点东西。

1. 弗朗西瓦·普鲁斯特主要的"经典"参照系可能是康德。关于康德，我们有大量的导读、编纂、阐释的著作。弗朗西瓦·普鲁斯特非常擅长将那些最具争议的文本中的问题（例如关于说谎的问题）加以澄清，她不去强调诸如此类的要害问题，而是去关注迄今为止尚未注意到的一些问题，如万物的再组织问题。在《纯粹理性批判》中，她发现了对被动地接受的开创性需要，被动接受不仅仅是一个纯粹经验的问题，其本身也是一种先天性的命运悲惨的先验性。一开始，这个问题就实际上成了贯穿于她的全部思考的主要问题。很明显，她的思想假定了一种先验领域的存在。至于在那个领域中构成了什么则既不属于认识范畴，也不属于意志范畴。基本上，她的哲学冀望与一种情感或者激情的先验论有关。我们或许可以用简洁的标题来说明她试图要建立的东西是什么：纯粹激情批判（Critique de la passion pure）。

2. 正如海德格尔业已证明了，先验性的热望并不是序曲，而是对本体问题的召唤。这同样适用于弗朗西瓦·普鲁斯特，我认为，她概括了一种双重的本体论，一种存在的模糊性的本体论，这种本体论位于"状态"的纯粹形式与对阻碍它的消极方面的激活（也就是说，这完全是状态的反面），她称之为反存在（contre-être）。存在被某种东西以某种方式编织在一起，那种东西就是既维系着存在又从其内在去阻碍存在的东西，在时间的本体论中，这种编织的方式很难得到解密。在对时间进行划分真理的框架下（这里涉及她对瓦尔特·本雅明的一点解读），她解释说，时间既是连贯性的名字也是不连贯性的名字，它可以是从保守角度来看的一种内在性的布局的名字，也可以看成是事件爆发后的震荡的名字，事件的爆发让漂浮不定的东西和看不到的东西在时间中汇流。

3. 当人们开始思考存在与反存在之间的反辩证法，沉思可能就是积极与消极的配对关系。弗朗西瓦·普鲁斯特所有的工作就是去建立起消极方面的积极性，在这一方面，可以接受在流动性上建构起来的存在秩序。事实上，通过这种建构，将其自身的积极行动施展为一种反流动、反攻击，一种抵抗性的行动。去发现一种合理性的安排，在这种安排中，情感同时是一种"反"力量，一种天下无敌的抵抗，于是，她走向了斯宾诺莎。我们知道，斯宾诺莎的研究试图将实体的积极方面（natura naturans）同其消极方面（natura naturata）结合起来，而无须求助于矛盾理论或者否定性。事实上，她对斯宾诺莎的解读是通过尼采的棱镜折射后，又被德勒兹和福柯重读之后的解读。可以认为，存在是原初之力，基本问题是要证明这并非单纯的积极因素的方面，创造性、发明和新生事物是对惰性的力量的激活。她对这些激活的详尽分析不仅给予我们一个立足点（既有侮辱、愤怒和消极，也有对世界之中不可容忍之物的大度地接受），也给予我们一个约定。那么我们看到，各种力量相互之间非对称性地展开，就如同狡黠的抵抗取代了游戏规则一样，将最为彻底的运动同最顽固不化的惰性结合起来，这种努力不是为了支配建构起来的权力，也不是为了让这些基本元素消散或降解。

4. 在建立了她的权力和情感的先验逻辑之后，弗朗西瓦·普鲁斯特在三个层次上引入了一种可信的变量。在历史及政治层次上，她试图证明，正是抵抗阐明了积极性的历史事实，我们已经理解，当历史事实是此时此地的，那么抵抗就是普遍性和普世的，因为它是存在力量（l'être-puissance）的内在结构。但她也证明了在"伟大的政治事件"（在这些事件中，抵抗得到了具体化）中有某些点；这些点清晰可见，因为那些都是在一个序列的一般进程中的不同派别的异议者作用的结果，只要哪里有预先建立起来的积极力量的蓝图试图压制反抗，哪里就会有反抗。这种反抗是反抗的生成。于是，布尔什维克对喀琅施塔得

（Kronstadt）水兵造反的镇压，还有西班牙共产主义者对加泰罗利亚无政府主义者的镇压就具有了象征性的意义。在战争层次上，她借用了克劳塞维茨（Clausewitz）对防守有限性的伟大分析，将其看成是对派别战争理论的承袭，并将之导入了哲学，最近的例子就是对墨西哥恰帕斯（Chiapas）地区的查帕蒂斯塔（Zapatista）解放运动特殊性的思考。最后，在生与死的层次上，她有着丰富的体验和深厚的知识积淀，弗朗西瓦·普鲁斯特进行了宏大的对疾病的哲学分析，证明了既定只能从真实生命的战略角度来思考，这并不能看成是某种明显的业已存在的东西，而是要看成某种反存在的漂浮不定和细微创新的东西。

5. 她的作品并不是按照学术界评价的体制来进行工作，而是根据评价和哲学讨论的秩序来进行。我的理解是，在功能层面上操作的所有东西都要依赖于非存在的本体论问题。

对双重性复苏形象都需要去避免堕落成黑格尔意义上的辩证法。但我们无法保证，我们可以轻松地避开思想的辩证性本质，这种辩证本质牢牢地锁定在积极和消极的配对关系上。这种配对关系本身就是一种问题式，因为它让我们在力量和权力上来思考存在，这无疑是弗朗西瓦·普鲁斯特第一个选择，或者我们可以称作为前预测选择。如果我们想避免一种简易的二元性，我们必须将力量的积极或消极的本质归因于不同力量之间的关系，我们从大鱼吃小鱼，小鱼吃虾米的例子中可以看到这一点。随后，正如德勒兹清晰地阐明，存在是一种关系，而不是力量。同样，抵抗并不是力量的内在特质，而是一种关系决定论。但是，关系性反过来意味着我们不能确定这样的抵抗是否需要积极推进。这一点在弗朗西瓦·普鲁斯特的思想运动中异常明显，更明显的是她的东西都来自这个调调。当然，她十分谨慎小心地说，抵抗是存在的秩序，当然并非是什么必须存在的秩序。她所选定的存在的这个部分可以作为唯一可以理解她的部分，这再也明显不过了。也可以这样来提出问题：我们怎样才能将此论断（以为抵抗非常少，且毫无保障）与反存在的内在逻辑的真正的逻辑基础调和起来？基本上她的全部计划就是像这样去思考存在。在构成的二重性中，将真正意义上的存在（即存在之存在）与事件（即反存在的激活），以及被反攻的勇气，所麻痹的消极性结合起来。从我个人来讲，我并不认为这样由情感的逻辑所支撑起来的融合可以解释真理的序列本质，真理是生机勃勃的，是充满艺术性和政治性的。我部分同意弗朗西瓦·普鲁斯特的存在信条，对于存在，我相信其不可分割；而对于事件，我认为那不是一个反存在，后者说作为状态的存在（être comme état）在结构上的二元性，而是冒着巨大风险将关于杂多的原理之一悬置起来。

　　最终，在乎的东西是什么？抵抗思想创造了它自己运动的法则。

如今，我们怀念她。我十分明白，在这样或那样的条件下，我们都很怀念她。最让我们怀念的是她的溢出（excès）的行为。我们真正怀念的是她那无法预料的愤怒。她在战略上毫无耐心，这让她迅速走向一种毫无意义的失败，因为快速是她关心的全部问题。我们必须满怀希望地解读她，重读她，那些思想永恒的光芒将会是对她的逝去的一种纪念，就如同永不凋谢的鲜花盛开在她逝去的黯淡的岩石之上。

注释：

这篇文章是2001年国际哲学学院在笛卡尔路（Rue Descartes）33号用来纪念弗朗西瓦·普鲁斯特的文献之一。1993年，我曾在《现时代》（*Les Temps modernes*）杂志上发表了一篇对她的《历史的旋律》（"Le Ton de l'histoire"）的书评。

图书在版编目（CIP）数据

小万神殿 /（法）巴迪欧著；蓝江译. —南京：
南京大学出版社，2014.1（2022.3重印）
（当代激进思想家译丛/张一兵主编）
ISBN 978-7-305-12381-8

Ⅰ. ①小… Ⅱ. ①巴… ②蓝… Ⅲ. ①西方马克思主
义—研究 Ⅳ. ①B089.1

中国版本图书馆CIP数据核字（2013）第263112号

Alain Badiou
Petit panthéon portatif
© La Fabrique-Éditions, 2007
Simplified Chinese edition copyright：2014 by NJUP
Through Dakai Agency Limited
All rights reserved

江苏省版权局著作权合同登记　图字：10-2010-456号

出版发行	南京大学出版社
社　　址	南京市汉口路22号　邮　编　210093
网　　址	http://www.NjupCo.com
出 版 人	金鑫荣
丛 书 名	当代激进思想家译丛
书　　名	**小万神殿**
著　　者	[法] 阿兰·巴迪欧
译　　者	蓝　江
责任编辑	李乾坤　刁晓静
照　　排	南京紫藤制版印务中心
印　　刷	南京爱德印刷有限公司
开　　本	920×1194　1/32　印张5.25　字数90千
版　　次	2014年1月第1版　2022年3月第4次印刷
ISBN	978-7-305-12381-8
定　　价	39.00元

网址：http://www.njupco.com
官方微博：http://weibo.com/njupco
官方微信号：njupress
销售咨询热线：(025)83594756

＊ 版权所有，侵权必究
＊ 凡购买南大版图书，如有印装质量问题，请与所购
　图书销售部门联系调换